DINOSAURIOS

1000

CURIOSIDADES

INCREÍBLES

Edición sénior Shaila Brown
Edición del proyecto de arte Joe Lawrence
Diseño Sunita Gahir, Peter Radcliffe,
Samantha Richiardi
Documentación iconográfica sénior Aditya Katyal
Ilustración Adam Benton, Peter Bull,
Stuart Jackson-Carter, Arran Lewis,
Naomi Murray, Gus Scott
Retoque creativo Adam Brackenbury, Steve Crozier
Edición ejecutiva Rachel Fox
Edición ejecutiva de arte Owen Peyton Jones
Edición de producción Gillian Reid
Control de producción sénior Meskerem Berhane
Diseño de cubierta Stephanie Cheng Hui Tan
Coordinación sénior de cubiertas Priyanka Sharma Saddi
Dirección de desarrollo de diseño de cubierta Sophia MTT
Dirección editorial Andrew Macintyre
Subdirección de publicaciones Liz Wheeler
Dirección de arte Karen Self
Dirección de publicaciones Jonathan Metcalf

Autores
Stevie Derrick, Dean Lomax, John Woodward

Consultoría
Profesor Paul Barrett

De la edición en español:
Coordinación editorial Cristina Sánchez Bustamante
Asistencia editorial y producción Eduard Sepúlveda

Servicios editoriales Tinta Simpàtica
Traducción Ruben Giró Anglada

Publicado originalmente en Gran Bretaña en 2023
por Dorling Kindersley Limited
DK, One Embassy Gardens, 8 Viaduct Gardens,
Londres, SW11 7BW
Parte de Penguin Random House

DINOSAURIOS
1000
CURIOSIDADES
INCREÍBLES

CONTENIDOS

1 LA ERA DE LOS GIGANTES

2 BIOLOGÍA DE LOS DINOSAURIOS

3 CRIATURAS CURIOSAS

4 FÓSILES FANTÁSTICOS

5 EL MUNDO DE LOS DINOSAURIOS

La era de los gigantes

Durante al menos 135 millones de años, en la era mesozoica, los animales terrestres más grandes, pesados y terroríficos que jamás se han visto en el mundo, los dinosaurios, dominaron la vida en la Tierra.

Los primeros dinosaurios que se conocen vivieron durante el periodo triásico, pero los auténticos gigantes evolucionaron durante el Jurásico. En lo que ahora es Norteamérica había temibles predadores, como el *Allosaurus*, ilustrado aquí atacando a un colosal *Brontosaurus*.

¿CUÁNDO VIVIERON LOS DINOSAURIOS?

Los dinosaurios dominaron el mundo en la era mesozoica, un largo periodo que se divide en tres etapas. Su primera aparición fue durante el periodo triásico, y alcanzaron el dominio en el Jurásico, antes de que la mayoría se extinguiera al final del Cretácico. Hoy en día, el único grupo de dinosaurios que sobrevive son las aves, que están en todos los continentes de la Tierra.

DATOS CURIOSOS

En 1842, el paleontólogo Richard Owen se dio cuenta de que los fósiles de *Iguanodon*, *Megalosaurus* e *Hylaeosaurus* pertenecían al mismo grupo de animales extintos, que bautizó como dinosaurios, que significa «lagartos terribles».

Richard Owen con un esqueleto de moa extinto

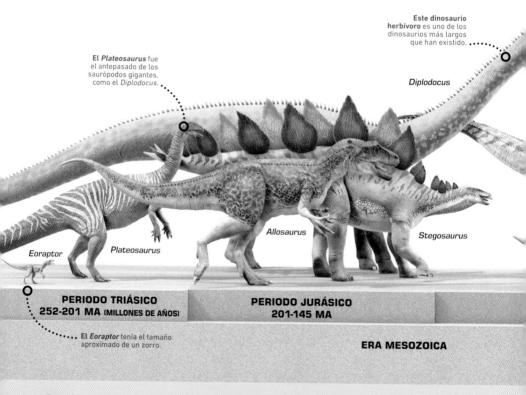

Este dinosaurio **herbívoro** es uno de los dinosaurios más largos que han existido.

El *Plateosaurus* fue el antepasado de los saurópodos gigantes, como el *Diplodocus*.

Diplodocus

Eoraptor

Plateosaurus

Allosaurus

Stegosaurus

PERIODO TRIÁSICO
252-201 MA (MILLONES DE AÑOS)

PERIODO JURÁSICO
201-145 MA

El *Eoraptor* tenía el tamaño aproximado de un zorro.

ERA MESOZOICA

SE CALCULA QUE EL 65 % DE LOS DINOSAURIOS ERAN **HERBÍVOROS**.

LOS PRIMEROS DINOSAURIOS CON **FORMA DE AVE** EVOLUCIONARON DURANTE EL JURÁSICO.

LOS DINOSAURIOS TRIÁSICOS ERAN MÁS PEQUEÑOS QUE LOS GIGANTES POSTERIORES.

9

Los primeros dinosaurios aparecieron en el periodo triásico.

EVOLUCIÓN DE LOS DINOSAURIOS

Ninguna especie de dinosaurio vivió durante toda la era mesozoica. Así, los dinosaurios de los periodos triásico y jurásico se convirtieron en fósiles bajo los pies de los dinosaurios del periodo cretácico. De hecho, muchos animales antiguos evolucionaron y se extinguieron antes de que aparecieran los dinosaurios.

Los dinosaurios vivieron durante más de 235 millones de años. En comparación, los humanos modernos solo han existido durante 300 000 años. Nuestra especie, *Homo sapiens*, es el último miembro de los *Homo*, que aparecieron en África hace casi 3 millones de años.

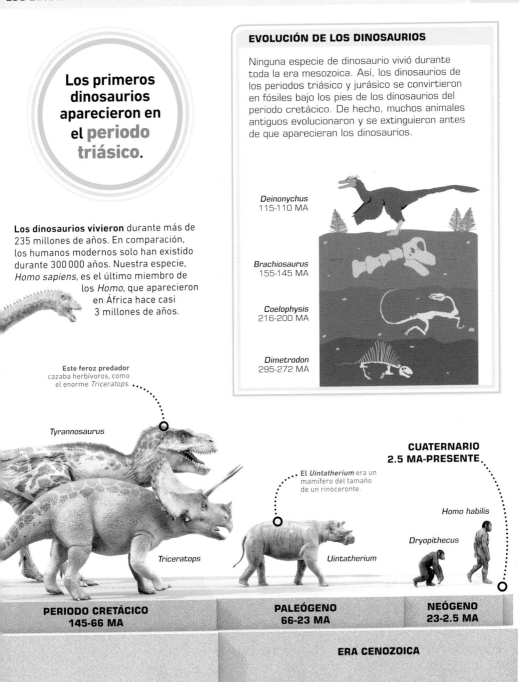

Deinonychus
115-110 MA

Brachiosaurus
155-145 MA

Coelophysis
216-200 MA

Dimetrodon
295-272 MA

Este feroz predador cazaba herbívoros, como el enorme *Triceratops*.

Tyrannosaurus

**CUATERNARIO
2.5 MA-PRESENTE**

El *Uintatherium* era un mamífero del tamaño de un rinoceronte.

Homo habilis

Dryopithecus

Triceratops

Uintatherium

**PERIODO CRETÁCICO
145-66 MA**

**PALEÓGENO
66-23 MA**

**NEÓGENO
23-2.5 MA**

ERA CENOZOICA

99.9

EL 99.9 % DE LAS ESPECIES QUE HA HABIDO YA SE HAN EXTINGUIDO.

EL *TYRANNOSAURUS* VIVIÓ EN UNA ÉPOCA MÁS CERCANA A LOS HUMANOS QUE AL *STEGOSAURUS*.

¿CUÁL FUE EL
DINOSAURIO
MÁS PESADO?

Los titanosaurios fueron un grupo de dinosaurios saurópodos entre los que estaban los mayores animales terrestres que han existido. Se cree que el *Argentinosaurus* era el mayor de todos. A partir de unos pocos fragmentos de fósiles, como un par de costillas, algunos huesos de la columna vertebral y dos de las patas, los científicos han calculado el tamaño colosal de este dinosaurio. Pisando con fuerza por los bosques del Cretácico superior, el *Argentinosaurus* pasaba su vida devorando cualquier planta que encontrara en su camino.

Su larguísimo cuello le permitía alimentarse de las copas de los árboles.

La larga cola musculada le servía para equilibrarse o para ahuyentar a los predadores.

DATOS CURIOSOS

Este grueso peroné (parte baja de la pata) de *Argentinosaurus* mide 155 cm, más o menos lo mismo que un niño de 12 años. Se descubrió en 1987 en una granja de Argentina.

Muchos titanosaurios tenían unos huesos, los metacarpianos, en las patas delanteras que parecían muñones y que formaban una columna vertical de carga. Son los huesos que forman la palma de tu mano.

LAS HEMBRAS PONÍAN HASTA **40 HUEVOS** DEL TAMAÑO DE UN **PEQUEÑO MELÓN** POR PUESTA.

40 UN BEBÉ DE *ARGENTINOSAURUS* TARDABA **40 AÑOS** EN CRECER DE 5 KG A 75 TONELADAS.

GIGANTE SUDAMERICANO

El *Argentinosaurus* debe su nombre al país en el que se descubrieron sus fósiles: la actual Argentina. Eso sí, el paisaje de Argentina era muy diferente por aquel entonces: estaba cubierta de bosques exuberantes y llanuras inacabables. El continente prehistórico de Sudamérica fue el hogar de una gran variedad de saurópodos gigantescos.

Los yacimientos de fósiles de Sudamérica indican que el *Argentinosaurus* vivía en un hábitat árido.

Con un peso de 75 toneladas, como 38 autos compactos juntos, todo en este dinosaurio era descomunal. Era de constitución fuerte, con huesos y músculos enormes para soportar su gran peso. El hueso más largo descubierto hasta el momento es una vértebra de 1.6 m de alto y 1.2 m de ancho.

Es posible que el *Argentinosaurus* haya sido el animal **más pesado** que ha existido.

EL *ARGENTINOSAURUS* SE TRAGABA HASTA 230 KG DE **PLANTAS** TODOS LOS DÍAS.

EL *ARGENTINOSAURUS* SE DESPLAZABA A UNA **VELOCIDAD MÁXIMA** DE 8 KM/H.

GIGANTES HERBÍVOROS

Las pisadas fosilizadas de los dinosaurios herbívoros muestran que viajaban en manada. A menudo los adultos protegían a los más jóvenes, como hacen hoy los elefantes. Los saurópodos gigantes, como estos colosales *Alamosaurus*, podían deambular por extensas áreas para buscar comida con que satisfacer su gran apetito. Su largo cuello les permitía alcanzar las hojas más altas de las copas de los árboles; incluso podían llegar más arriba erguidos sobre sus patas traseras.

Se han encontrado **fósiles de saurópodo** en todo el mundo, salvo en la Antártida.

¿CUÁL FUE EL MAYOR
DINOSAURIO CARNÍVORO?

Encontrados en los desiertos del norte de África, los huesos de 100 millones de años de antigüedad del *Spinosaurus* muestran que puede haber sido el cazador más grande que haya existido; mayor incluso que el *Tyrannosaurus*. Dado que no se ha encontrado un esqueleto entero, es posible que nunca podamos estar seguros, pero algunos científicos creen que podía llegar a los 18 m de longitud, más largo que un autobús escolar.

El *Spinosaurus* fue el **mayor** dinosaurio carnívoro.

DATOS CURIOSOS

Unos pequeños poros del hocico tal vez contenían sensores de la presión del agua para detectar presas invisibles en aguas turbias.

Los dientes largos y afilados eran ideales para atrapar presas escurridizas.

Su cuello flexible le permitía hacer ataques rápidos.

Sus garras con tres dedos y sus uñas curvadas podían servir para atrapar peces. Quizá sostenían la presa para acercarla a sus implacables mandíbulas.

LOS **FÓSILES** DE *SPINOSAURUS* SE DESTRUYERON EN LA SEGUNDA GUERRA MUNDIAL.

EL **CRÁNEO** Y LOS **DIENTES** DEL *SPINOSAURUS* ERAN COMO LOS DE UN COCODRILO ACTUAL.

¿VELA O JOROBA?

Lo más curioso de este dinosaurio son las espinas que le salían de la columna. Eran altas como una persona y puede que formaran una «vela» que ayudara a reducir el calor actuando como un radiador. Pero también podrían haber formado parte de una joroba, como la de los camellos, o bien utilizarse para atraer a parejas.

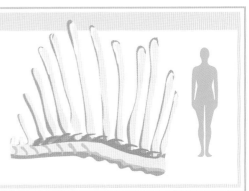

Su enorme vela e daba un aspecto muy amenazador.

Los restos fósiles del *Spinosaurus* siempre han intrigado a los científicos. No cabe duda de que era muy grande, pero su forma es extraña, con unas patas traseras cortas, cola larga en forma de remo y una especie de vela en la espalda. Aún sigue el debate sobre cómo se beneficiaba de estas adaptaciones en las ciénagas en que vivía. Al margen de eso, su tamaño colosal y sus mandíbulas de cocodrilo con dientes largos hacían de él un gran cazador.

EL *SPINOSAURUS* DEBÍA DE TENER UNA **VIDA SEMIACUÁTICA**: CAZABA PECES GRANDES Y TAMBIÉN OTROS DINOSAURIOS.

6 EJEMPLARES PARCIALES DE *SPINOSAURUS* ENCONTRADOS HASTA HOY.

La gran **mandíbula** llena de **dientes** del *Spinosaurus* medía 1 m de largo.

CAZADOR DE PECES

Los dientes del *Spinosaurus*
indican que comía peces
(como este pez sierra
prehistórico), pero ¿los
cazaba bajo el agua como
un cocodrilo? Su cola era
ideal para impulsarse en
el agua y su gran cresta
le daba mucha estabilidad
al batir las mandíbulas para
atrapar a sus víctimas.
Sin embargo, los indicios
encontrados de un
dinosaurio relacionado, el
Baryonyx, sugieren que
el *Spinosaurus* también
atacaba animales
terrestres, posiblemente
cuando se acercaban al
agua para beber.

El *Supersaurus* **era más largo** que una pista de tenis y llegaba a pesar unas 40 toneladas. Con una cabeza del tamaño de un caballo y las caderas anchas como un coche, estaba entre los dinosaurios más grandes.

Su cola en forma de látigo servía de contrapeso del largo cuello.

Una cancha de tenis mide 24 m de largo.

¿CUÁL FUE EL
DINOSAURIO
MÁS LARGO?

Como miembro de los diplodócidos, familia de dinosaurios de cuello largo, el *Supersaurus* era un enorme herbívoro que deambulaba por las ciénagas del Jurásico tardío, hace unos 150 millones de años. Medía 39 m del hocico a la cola, y tenía uno de los cuellos de saurópodo más largos en relación con la longitud del cuerpo. Los científicos han deducido su gigantesco tamaño a partir de unos pocos fósiles, como algunos huesos de su columna vertebral.

EL SER HUMANO MÁS RÁPIDO HABRÍA TARDADO **4 SEGUNDOS EN RECORRER TODA LA LONGITUD DEL** *SUPERSAURUS.*

LA PUNTA DE SU COLA ERA MÁS RÁPIDA QUE LA VELOCIDAD DEL SONIDO. PODÍA MOVERLA A 1234 KM/H.

EL ANIMAL MÁS LARGO DEL MUNDO

Aunque el *Supersaurus* fue el dinosaurio más largo, no es el animal más largo. Con 46 m de longitud, más o menos lo mismo que cinco autobuses, un animal de las profundidades marinas conocido como sifonóforo es el que tiene el récord. De hecho el sifonóforo es un grupo de animales diminutos incapaces de vivir individualmente. Cada miembro tiene una tarea diferente; por ejemplo, algunos atrapan presas y otros digieren el alimento.

Los animales diminutos forman un largo hilo.

Se cree que caminaba con el cuello paralelo al suelo y no erguido.

El *Supersaurus* puede haber sido el dinosaurio **más largo** que haya vivido en tierra firme.

EL **CUELLO** DEL *SUPERSAURUS* ALCANZABA LA IMPRESIONANTE LONGITUD DE 15 M.

UN ESQUELETO DE NOMBRE **JIMBO** ES EL *SUPERSAURUS* MÁS COMPLETO QUE SE HA DESCUBIERTO.

¿A QUÉ ALTURA PODÍA LLEGAR UN DINOSAURIO?

DATOS CURIOSOS

Con una altura de hasta 6 m, la jirafa es el animal vivo más alto. Tiene siete huesos en el cuello, igual que los humanos, pero en su caso, son extralargos.

Cada hueso del cuello mide unos 25 cm.

El avestruz es el ave que tiene el cuello más largo. A diferencia de la jirafa, lo usa para llegar al suelo y alimentarse de plantas y animales diminutos.

El cuello del avestruz tiene 17 huesos.

Los saurópodos tenían el cuello más largo de todos los animales conocidos. Aunque no se han encontrado esqueletos completos, los científicos calculan que el cuello del *Sauroposeidon* debía ser el más largo de todos. Se han hallado solo cuatro enormes huesos del cuello, el mayor de los cuales mide 1.25 m. Basándose en esto, su pequeña cabeza podía estar a 18 m del suelo.

El *Sauroposeidon* podía alcanzar la altura de un **edificio de seis pisos**.

Igual que la mayoría de los saurópodos, tenía una cola extremadamente larga que le servía para equilibrarse.

El *Sauroposeidon* deambulaba por el centro de Norteamérica hace 110 millones de años. Con su largo cuello podía llegar muy alto y alimentarse de las copas de los árboles sin tener que levantarse sobre dos patas. En comparación con un braquiosaurio, con un cuello de 9 m de largo, el *Sauroposeidon* podía obtener el doble de comida.

LOS **HUESOS DEL CUELLO** DEL *SAUROPOSEIDON* SE HALLARON EN OKLAHOMA, EE. UU, EN 1994.

LA ROCA CON HUESOS DEL CUELLO DEL *SAUROPOSEIDON* MÁS GRANDE PESABA **3 TONELADAS**.

En relación con su tamaño corporal, el *Sauroposeidon* tenía una de las cabezas más pequeñas del reino animal.

Igual que los de otros saurópodos, los huesos del *Sauroposeidon* tenían cavidades de aire que los hacían muy ligeros. También tenían la estructura ósea muy fina: en algunos puntos el hueso no tenía más grosor que una cáscara de huevo.

Cavidad de aire

ESPINAS EN EL CUELLO

El *Bajadasaurus*, un saurópodo que vivió en la Patagonia argentina hace unos 145 millones de años, tenía un cuello totalmente insólito: además de ser largo, le salían unos picos curvados. Estaban apareados y puede que tuvieran una vela de piel en cada lado.

Los picos se curvaban adelante.

CON 13 M, EL SAURÓPODO ASIÁTICO *XINJIANGTITAN* TIENE EL CONJUNTO COMPLETO DE HUESOS DEL CUELLO MÁS **LARGO**.

SAUROPOSEIDON SIGNIFICA «**DIOS LAGARTO DE LOS TERREMOTOS**» EN GRIEGO.

¿LOS DINOSAURIOS
TENÍAN PLUMAS?

Los científicos creían que todos los dinosaurios tenían piel escamosa, como los reptiles modernos. Pero en la década de 1990, unos fósiles excepcionalmente bien conservados en Liaoning, China, demostraron que muchos terópodos pequeños, los dinosaurios principalmente carnívoros que caminaban en dos patas, tenían plumas. Algunas eran muy simples, de aspecto similar a una pelusa, mientras que otras se parecían a las de las aves modernas.

Plumas largas

Los huesos de los brazos del *Velociraptor*, cazador del tamaño de un águila, tenían pequeños nudos en los que crecían plumas largas y anchas con vexilos. No eran lo bastante grandes como para volar, así que debían de emplearlas para exhibirse. Algunos dinosaurios parecidos las usaban para empollar los huevos y las crías.

El *Velociraptor* quizá tenía el cuerpo cubierto de plumas.

El *Sciurumimus* tenía una cola larga y mullida que lo equilibraba.

Piel de pelusa

Los fósiles del pequeño *Sciurumimus*, parecido a una ardilla, indican que tenía el cuerpo cubierto de filamentos de pelusa conocidos como protoplumas, que le proporcionaban aislamiento, como el pelo, para evitar la pérdida de calor corporal.

LA **PRIMERA PLUMA FÓSIL** DE DINOSAURIO SE HALLÓ EN 1860, EN ROCAS DE 150 MILLONES DE AÑOS DE ANTIGÜEDAD.

UNAS **PLUMAS SIMPLES** PUDIERON APARECER MÁS DE 80 MILLONES DE AÑOS ANTES DE QUE LA PRIMERA AVE SURCARA EL CIELO.

LA EVOLUCIÓN DE LAS PLUMAS

Parece que las plumas han evolucionado a partir de estructuras en forma de hebras que los dinosaurios pequeños tenían para mantener el calor. Con el tiempo se volvieron más complejas, con barbas ramificadas, que desarrollaron ganchillos minúsculos que las unían para formar vexilos, con los que las aves pudieron volar.

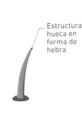

Estructura hueca en forma de hebra

Filamento

Barba

Raquis

Protoplumas
Las primeras plumas eran hebras huecas y flexibles.

Plumón
Los filamentos adicionales crearon plumas más mullidas y más aislantes.

De plumón a pluma
Las barbas que parten del raquis les dieron la forma básica.

Toque final
Se formaron unos ganchillos que unieron entre sí las barbas y les permitieron volar.

Despegue

Algunos parientes cercanos del *Velociraptor* tenían extremidades anteriores mucho más largas y bien cubiertas de plumas, demasiado largas para que sirvieran solo para ser exhibidas, de manera que es probable que estos dinosaurios volaran. Pero seguramente el más famoso, el *Archaeopteryx*, no podía volar durante mucho tiempo porque no tenía los grandes músculos de las alas con que cuentan las aves modernas.

La cola era un abanico de plumas, igual que la cola de las aves modernas.

Las alas tenían plumas de vuelo totalmente desarrolladas.

A volar

Hacia el final de la era mesozoica, los cielos estaban llenos de criaturas voladoras parecidas a las aves modernas. Algunas, como el *Ichthyornis*, de forma similar a la gaviota, aún tenían dientes, pero ya habían perdido su larga cola ósea. Los potentes músculos de las alas les permitían volar bien.

ICHTHYORNIS SIGNIFICA «AVE PEZ». SEGURAMENTE UTILIZABA SUS MANDÍBULAS DENTADAS PARA ATRAPAR A ESCURRIDIZOS PECES.

HASTA HOY, CASI TODOS LOS DINOSAURIOS FÓSILES CON PLUMAS HALLADOS SON DE **TERÓPODOS**, EL GRUPO DE LAS AVES.

FÓSIL PLUMADO

Descubierto en Alemania en 1874, el *Archaeopteryx* es descrito a menudo como la primera ave que se conoce. La roca muestra indicios de plumas, pero también tiene características parecidas a las de los pequeños dinosaurios terópodos de su época, como dientes y una larga cola ósea. Se creía que se diferenciaba de los otros por sus plumas, pero los fósiles descubiertos en China en la década de 1990 demostraron que muchos dinosaurios terópodos pequeños también las tenían. Al contrario que estos, el *Archaeopteryx* tenía unas alas que parecen demasiado largas para ser útiles para otra cosa que no fuera volar.

Este fósil de *Archaeopteryx* demuestra la **relación** entre los dinosaurios y las aves.

DATOS CURIOSOS

Las plumas de las alas de muchos dinosaurios en forma de ave eran negras, un pigmento que las hace más fuertes. Las plumas fósiles del *Caihong*, halladas en el norte de China en 2014, también nos indican que eran iridiscentes, como las plumas oscuras de los estorninos.

Las plumas negras son más fuertes que las claras, por lo que es posible que estuvieran adaptadas para volar.

Análisis microscópicos muestran que la cabeza y el cuello brillaban con colores iridiscentes.

Los animales se valen de los colores para sobrevivir, y lo mismo hacían los dinosaurios: muchos de los más pequeños debían camuflarse para escapar de sus enemigos. Las plumas vellosas del pequeño cazador *Sinosauropteryx* contienen trazas de células de color que parecen demostrar la existencia de una contracoloración: la panza clara y la espalda oscura, una técnica que utilizan animales como los ciervos para ocultarse. Pero las plumas pueden tener colores mucho más vivos, y es posible que algunos pequeños cazadores plumados se parecieran más a las aves de colores chillones.

Las pruebas microscópicas indican que el *Sinosauropteryx* tenía la espalda de color marrón anaranjado oscuro.

La cola es posible que tuviera anillas, como la del mapache.

La parte inferior era de un color mucho más claro.

EL *SINOSAUROPTERYX* VIVIÓ HACE 125 MILLONES DE AÑOS EN CHINA, Y CAZABA PEQUEÑOS ANIMALES EN EL BOSQUE.

PRIMER DINOSAURIO NO VOLADOR DEL QUE SE ENCONTRARON INDICIOS DE PLUMAS SIMPLES.

¿DE QUÉ COLOR ERAN
LOS DINOSAURIOS?

Casi todo lo que sabemos de los dinosaurios extinguidos se basa en sus huesos fosilizados, que no conservan indicios de color. Sabiendo que eran reptiles, los científicos supusieron que tendrían el mismo aspecto que los reptiles modernos, como los lagartos. Pero ahora sabemos que muchos dinosaurios tenían plumas, que pueden ser mucho más coloridas. Algunas plumas y pieles fosilizadas contienen estructuras microscópicas que nos indican de qué color eran estos animales.

Algunos era tan coloridos como los loros actuales.

PISTAS DE COLOR

Algunas plumas fósiles conservan los restos de estructuras microscópicas que daban color a las plumas. Las formas de los melanosomas pueden indicar qué color producían, siempre y cuando el proceso de fosilización no los haya alterado.

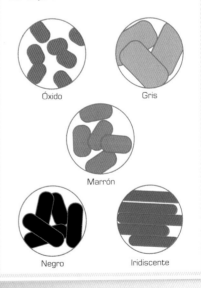

Óxido

Gris

Marrón

Negro

Iridiscente

LOS FÓSILES DEL *ANCHIORNIS* MUESTRAN QUE TENÍA PLUMAS ROJAS, GRISES, NEGRAS Y BLANCAS.

SE HAN ENCONTRADO INDICIOS DE COLOR EN LA PIEL Y LAS ESCAMAS DEL *PSITTACOSAURUS*.

DATOS CURIOSOS

En 2020 se descubrió un cráneo diminuto en una gota de ámbar de 99 millones de años de antigüedad. Era de un dinosaurio conocido como *Oculudentavis* y se creía que era el dinosaurio más pequeño de todos. Pero cuando los científicos prestaron más atención, se dieron cuenta de que era un cráneo de lagarto.

Descubierto en la década de 1850, el esqueleto del tamaño de un pollo de un joven *Compsognathus* fue la primera prueba de que no todos los dinosaurios fueron gigantes. Incluso los adultos de *Compsognathus* no eran más grandes que un pavo.

El colibrí zunzuncito es el dinosaurio más pequeño que se conoce.

Igual que cualquier otra ave, la paloma es un dinosaurio adaptado para volar.

¿CUÁL FUE EL DINOSAURIO
MÁS PEQUEÑO?

Al pensar en dinosaurios nos vienen a la cabeza animales colosales que hacen temblar el suelo con cada pisada. Pero muchos de los que deambulaban entre las patas de estos gigantes no eran más grandes que los cuervos o las palomas. Y como sabemos que los cuervos, las palomas y todo el resto de aves son dinosaurios vivientes, algunos de los dinosaurios más pequeños que jamás hayan existido todavía vuelan entre nosotros ahora mismo e incluyen gorriones, coloridos pájaros cantores y minúsculos colibrís iridiscentes.

HACE 113 MILLONES DE AÑOS YA VOLABAN UNAS AVES DIMINUTAS, POCO MÁS GRANDES QUE EL COLIBRÍ ZUNZUNCITO.

EL CUERPO DE UN COLIBRÍ ZUNZUNCITO NO ES MÁS GRANDE QUE EL DE UNA REINA DE ABEJORROS.

HUESOS FRÁGILES

La mayoría de los fósiles de huesos de dinosaurio son de animales grandes, porque es más fácil que se conserven que los huesos de los pequeños. Seguramente hubo dinosaurios más pequeños que el *Anchiornis*, como las aves actuales, pero sus restos no nos han llegado. En el mundo hay muy pocos yacimientos de fósiles en los que se hayan conservado los dinosaurios muy pequeños.

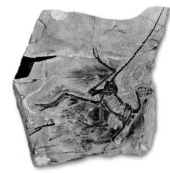

Esqueleto fosilizado de un *Anchiornis*

El colibrí zunzuncito bate sus alas 80 veces por segundo.

Las alas del *Anchiornis* no tenían la fuerza suficiente para volar, aunque quizá las podía usar para planear.

Con solo 6 cm de longitud y un peso de 2 g, puede que el colibrí zunzuncito de Cuba sea el ave más pequeña de todas y el dinosaurio más pequeño. Uno de los dinosaurios extintos más pequeños hallados hasta hoy es el *Anchiornis*, un cazador plumado del tamaño de una paloma que vivió en China hace 160 millones de años. Aunque tenía el aspecto de un ave, es probable que no pudiera volar.

ANCHIORNIS SIGNIFICA «CASI AVE» Y SE REFIERE A QUE ESTE DINOSAURIO TENÍA TODO EL CUERPO CUBIERTO DE PLUMAS.

250

EL *ANCHIORNIS* DEBÍA DE PESAR UNOS 250 G, MÁS O MENOS COMO UN HÁMSTER.

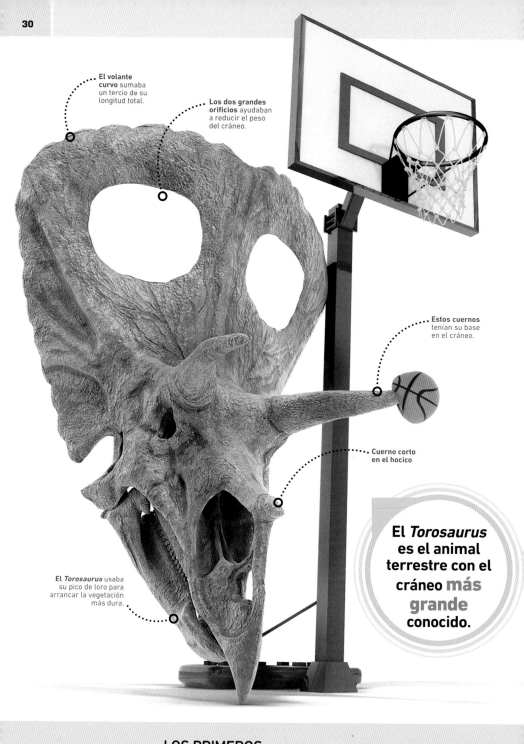

El volante curvo sumaba un tercio de su longitud total.

Los dos grandes orificios ayudaban a reducir el peso del cráneo.

Estos cuernos tenían su base en el cráneo.

Cuerno corto en el hocico

El *Torosaurus* usaba su pico de loro para arrancar la vegetación más dura.

El *Torosaurus* es el animal terrestre con el cráneo **más grande** conocido.

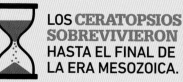

1891

LOS PRIMEROS **FÓSILES DE *TOROSAURUS*** SE HALLARON EN 1891 EN EL OESTE DE ESTADOS UNIDOS.

LOS CERATOPSIOS SOBREVIVIERON HASTA EL FINAL DE LA ERA MESOZOICA.

¿CUÁL ERA EL DINOSAURIO CON EL
CRÁNEO MÁS GRANDE?

Los ceratopsios eran un grupo de dinosaurios herbívoros con grandes cabezas con cuernos. Incluían el *Triceratops*, un dinosaurio del tamaño de un elefante que debe su nombre a los tres largos cuernos de su gigantesco cráneo. El cráneo del *Torosaurus* era aún más grande, y tenía un volante de hueso extralargo por detrás. Algunos científicos han sugerido que eran el mismo animal y que los *Triceratops* se convertían en *Torosaurus* al crecer, pero otros piensan que eran especies distintas que simplemente vivieron en la misma época y en el mismo lugar.

El *Torosaurus* podía llegar hasta los 9 m de longitud y pesar unas 6 toneladas. Se movía despacio y tenía que ser una presa tentadora para los grandes predadores del momento, como el temible *Tyrannosaurus*. Tenía un cráneo enorme que le servía de escudo, y a unos 3 m del suelo quedaba casi a la altura de una canasta de basquetbol. El gran volante superior seguramente servía para atraer a sus posibles parejas, mientras que los dos largos cuernos sobre los ojos eran útiles para luchar contra los predadores.

VOLANTE DE DEFENSA

Algunos animales actuales usan volantes para defenderse. Cuando se siente amenazado, el lagarto de cuello con volantes de Australia y Nueva Guinea se levanta sobre sus patas traseras, despliega un colorido volante de piel alrededor del cuello y abre bien la boca. El volante hace que parezca mucho más grande y ahuyenta a los predadores.

El lagarto sisea y abre su boca de colores vivos.

UN MOLDE DE *TOROSAURUS* DEL MUSEO DE LA CIENCIA Y LA NATURALEZA DE DENVER, ESTADOS UNIDOS, SE LLAMA TINY.

EL ANIMAL ACTUAL CON EL CRÁNEO MÁS GRANDE ES EL CACHALOTE.

Los **cuernos** medían unos 1.2 m de longitud, la altura de un niño de 12 años.

COLOSO CON VOLANTE

El *Torosaurus* era un animal espectacular y enorme. Es probable que aprovechara el cráneo para defenderse de los tiranosaurios que vivían a su alrededor, aunque tal vez le sirviera para exhibirse. Si era de colores vivos, el volante debía tener un aspecto formidable y el mismo uso que los cuernos de los venados actuales: impresionar a los rivales y atraer a posibles parejas. Los animales con los volantes más grandes y coloridos debían tener más éxito apareándose que sus rivales y, por lo tanto, más crías.

¿LOS DINOSAURIOS VIVÍAN
EN MADRIGUERAS?

Muchos animales actuales descansan o se reproducen bajo tierra en madrigueras, ya sean mamíferos, reptiles e incluso algunas aves. El *Oryctodromeus*, un herbívoro, es el único dinosaurio extinto que se sabe que vivía así. En 2007 se encontraron los restos fosilizados de tres de estos animales en una madriguera que es prácticamente seguro que excavaron ellos. Es probable que otros dinosaurios hicieran lo mismo, pero por ahora no se han encontrado pruebas que lo demuestren.

AVES EXCAVADORAS

La madriguera del *Oryctodromeus* era similar a la de algunas aves modernas. Algunas de ellas hacen su nido en madrigueras para proteger a sus huevos y crías de los predadores. Además, la madriguera las resguarda de los fenómenos meteorológicos extremos, especialmente en climas cálidos, pues retiene la humedad y mantiene una temperatura constante.

El frailecillo atlántico es un ave marina que vuelve a tierra para aparearse. Algunos ocupan las madrigueras de los conejos en los acantilados. Otros usan su pico y sus garras para excavar. Cubren la cámara del nido con hierba y plumas. El resultado se parece mucho a la madriguera del *Oryctodromeus*.

Frailecillo atlántico

El mochuelo de madriguera americano vive en regiones frías y con pocos árboles, y por eso hace madrigueras. Suele usar alguna que haya excavado otro animal, pero también puede crear una propia. Si un animal intenta entrar, el mochuelo lo ahuyenta imitando el siseo y el cascabeleo característicos de la serpiente de cascabel.

Mochuelo de madriguera

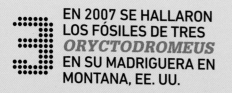

Cuando llegaba el momento, el *Oryctodromeus* joven excavaba su propia madriguera o bien se mudaba a otra vacía.

EN 2007 SE HALLARON LOS FÓSILES DE TRES *ORYCTODROMEUS* EN SU MADRIGUERA EN MONTANA, EE. UU.

SE CREE QUE ESTA FAMILIA DE *ORYCTODROMEUS* SE AHOGÓ AL INUNDARSE LA MADRIGUERA A CAUSA DE UNA TORMENTA.

Las crías vivían con los adultos hasta que podían defenderse por sí solas.

La madriguera con los huesos fosilizados del *Oryctodromeus* era más o menos igual de ancha que el animal adulto, lo que indica que la había excavado él mismo. Se encontraron dos crías en la madriguera junto al adulto, y es probable que salieran de los huevos que había puesto en una cámara subterránea.

Ocultos en la madriguera, los huevos estaban a salvo de los dinosaurios más grandes, que podían robarlos y comérselos.

Cuando estaban a punto de salir del huevo, las crías rompían el cascarón con la punta del pico.

EL *ORYCTODROMEUS* CORRÍA SOBRE SUS PATAS TRASERAS, Y PODÍA **EXCAVAR** CON LAS DELANTERAS.

PODER CAVAR UNA **MADRIGUERA** QUIZÁ LE HACÍA LA VIDA MÁS FÁCIL EN UN CLIMA CÁLIDO Y SECO.

¿Lo sabías?

RELOJ TERRESTRE

Es difícil imaginar el tiempo que hace que vivieron los dinosaurios.

Mira esta historia de la Tierra comprimida en 24 horas. Cada segundo representa **5000 años.**

00:00
A medianoche la Tierra se forma a partir de un remolino de masa de polvo y gases.

04:26
Aparece la vida en la Tierra con formas de vida simples en el lecho marino.

21:08
Tiene lugar una explosión de animales nuevos en los mares.

21:30
Aparecen las plantas en tierra firme, al principio en forma de organismos simples, como los musgos.

22:47
Los dinosaurios evolucionan en la tierra y dominan la vida.

Seis segundos antes de medianoche
Nuestra especie, *Homo sapiens*, aparece en África.

NO LO VAS A CREER

▲ *Pegomastax*
Este dinosaurio herbívoro, del tamaño de un gato, tenía pico de loro, enormes dientes caninos y púas de puercoespín. Vivió en el sur de África durante el periodo jurásico.

▶ *Yi qi*
El *Yi qi* se parecía más a un murciélago que a un dinosaurio. Con las alas desplegadas, podía planear de árbol en árbol, como las ardillas voladoras. Además de garras afiladas en los pies, tenía garras en la punta de las alas.

▶ *Linhenykus*
Esta peculiar criatura es el único dinosaurio de un dedo que se conoce. Tenía el tamaño de un perro pequeño y es posible que utilizara su dedo con uña para asaltar nidos de hormigas y termitas durante el periodo cretácico superior.

 AUNQUE HAY TRES GRUPOS PRINCIPALES DE DINOSAURIOS, CADA UNO DE ELLOS INCLUYE CIENTOS DE ESPECIES.

LOS TERÓPODOS EVOLUCIONARON EN EL TRIÁSICO. ERAN CAZADORES PEQUEÑOS Y ÁGILES.

LA DIETA DE LOS **DINOSAURIOS**

▲ Carnívoros
Los carnívoros cazaban cualquier animal, incluidos otros dinosaurios. Eran de todos los tamaños: desde el *Microraptor*, como un gato, hasta el *Gigantosaurus*, como un autobús.

▲ Herbívoros
Estos dinosaurios rumiaban hojas, hierbas y semillas. Al contrario que los carnívoros, que normalmente comían una sola vez al día, los herbívoros pasaban el día comiendo.

▲ Omnívoros
Algunos dinosaurios comían tanto plantas como carne: son los llamados omnívoros. Comían de todo, incluso insectos, plantas y también otros dinosaurios.

EN **MARCHA**

Igual que las aves actuales y que muchos mamíferos, algunos dinosaurios herbívoros emprendían largos viajes cuando la comida escaseaba.

El *Camarasaurus* viajaba hasta 300 km en el Jurásico superior en Norteamérica para conseguir agua y comida, y luego volvía con el cambio de estación.

En el Cretácico superior, el *Pachyrhinosaurus* migraba 3500 km al norte, desde Alberta, Canadá, hasta el Ártico para encontrar nuevas fuentes de comida. Volvían a migrar hacia el sur cuando empezaba el invierno ártico.

DEFENSAS DE **DINOSAURIO**

Desde cabezas muy duras hasta colas armadas y garras, los dinosaurios desarrollaron formas novedosas de protegerse en la **era mesozoica**.

▶ Cabezón
El cráneo del *Pachycephalosaurus* era **20 veces más grueso** que el de cualquier otro dinosaurio. Es posible que este cráneo tan duro le sirviera para propinar **cabezazos** a quien intentara atacarle.

▶ Cola armada
La cola del *Euoplocephalus* tenía un enorme bulto en la punta formado por **fragmentos óseos** fusionados tan fuerte que podía **romper huesos**.

▶ Camuflaje
Un dinosaurio de China, el *Psittacosaurus*, tenía **la piel de la panza clara y la de la espalda más oscura**, lo que le permitía ocultarse en su hábitat natural, el bosque, y complicarle la vida a sus predadores.

EL *CAMARASAURUS* ES EL DINOSAURIO DEL FINAL DEL JURÁSICO MÁS COMÚN EN AMÉRICA DEL NORTE.

1.8

EL *SATURNALIA*, ANTEPASADO DE LOS SAURÓPODOS, SOLO MEDÍA UNOS 1.8 M DE LARGO.

Biología de los dinosaurios

Los restos fosilizados de los dinosaurios extintos son sobre todo huesos y dientes, pero nos ofrecen mucha información sobre cómo eran los cuerpos de estos increíbles animales, qué comían, cómo vivían y cómo morían.

Los enormes dientes, durísimos, del *Tyrannosaurus* lo convirtieron en el predador terrestre más poderoso de todos los tiempos. Las presas más veloces o aquellas que tenían una buena armadura eran las únicas con esperanzas de sobrevivir a su ataque.

Los restos fosilizados de dinosaurios demuestran que contaban con potentes músculos y robustas osamentas. Sus órganos internos eran parecidos a los de las aves modernas, y muchos tenían plumas. Algunos, como el *Tyrannosaurus*, eran cazadores. Eran máquinas de matar, con sus poderosas mandíbulas y dientes. Atrapaban otros dinosaurios que estaban adaptados para alimentarse de plantas.

Pulmones

Saco aéreo

Los dinosaurios carnívoros debían de tener un intestino corto, pues es más fácil digerir la carne que las plantas.

Hueso de la cadera

Saco aéreo

El corazón pesaba unos 30 kg, diez veces más que el de una persona. Tenía que ser grande para bombear la sangre por todo el cuerpo.

El estómago de los carnívoros estaba adaptado para contener mucho alimento tragado rápidamente.

Los músculos de los muslos daban velocidad y potencia a este cazador para lanzarse al ataque.

DATOS CURIOSOS

Sus pulmones estaban conectados a sacos aéreos, una especie de globos más eficientes que los pulmones de los mamíferos. Las aves modernas han heredado este sistema de los dinosaurios, sus ancestros.

Pulmones

Saco aéreo

Saco aéreo

Las garras se abrían para tener más equilibrio y para atacar a las presas.

LOS DINOSAURIOS ERAN **REPTILES**, COMO LOS LAGARTOS, PERO CON MUCHOS RASGOS DE LAS **AVES**.

LOS HUESOS, MÚSCULOS Y ÓRGANOS INTERNOS DE LOS **DINOSAURIOS** ERAN IGUAL DE EFICIENTES QUE LOS DE LOS ANIMALES ACTUALES.

UN HERBÍVORO POR DENTRO

Muchos dinosaurios comían plantas, como helechos y las hojas duras de las coníferas. Se tarda mucho más en digerirlas que la carne, y por eso necesitaban un sistema digestivo mucho más grande que el de los carnívoros. Los más grandes soportaban el peso adicional sobre cuatro extremidades. Otros, como este *Iguanodon*, podían usar sus extremidades delanteras para apoyarse en caso necesario.

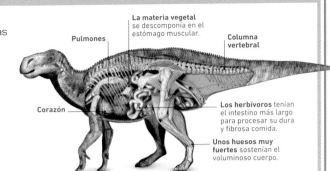

Pulmones

La materia vegetal se descomponía en el estómago muscular.

Columna vertebral

Corazón

Los herbívoros tenían el intestino más largo para procesar su dura y fibrosa comida.

Unos huesos muy fuertes sostenían el voluminoso cuerpo.

La mayoría de los dinosaurios tenían la piel escamosa y ahora sabemos que muchos también tenían plumas.

La cola pesada equilibraba el peso de la cabeza y las imponentes mandíbulas del tiranosaurio para que pudiera tenerse en pie y correr en dos patas.

Músculo de la cola

¿CÓMO ERA POR DENTRO
UN DINOSAURIO?

Los dinosaurios eran un grupo muy variado de animales, cuyo tamaño iba desde los que no eran más grandes que las aves modernas hasta unos gigantes mucho más grandes que los elefantes. Eran reptiles, pero no como los que conocemos hoy. Los huesos y los dientes fosilizados, además de fósiles increíblemente raros de piel y plumas, son las únicas pruebas de que estos animales espectaculares existieron. Gracias a estos fósiles, los científicos han podido deducir cómo eran los dinosaurios, por dentro y por fuera.

LA **VISIÓN** DE LOS CAZADORES COMO LOS TIRANOSAURIOS QUIZÁ ERA TAN AGUDA COMO LA DE UN ÁGUILA.

LAS **EVOLUCIÓN DE LAS PLUMAS** PERMITIÓ MANTENER EL CALOR A LOS DINOSAURIOS.

Con un peso de hasta 70 toneladas, el *Patagotitan* es una de las especies de titanosaurio más grandes descubiertas hasta el momento. Usaba su larguísimo cuello para alcanzar las copas de los árboles y alimentarse continuamente de hojas. Este peso pesado consumía cada día, como mínimo, 250 kg de materia vegetal.

Comía el equivalente a un **contenedor de plantas** *cada día* **para obtener los nutrientes que necesitaba.**

Como unas tijeras, sus pequeños dientes cortaban las hojas de los árboles para poder tragarse la comida.

¿CUÁNTO PODÍA
COMER UN
PATAGOTITAN?

Esta colosal criatura formaba parte de un grupo de dinosaurios herbívoros gigantes, los titanosaurios, es decir, «lagartos titánicos». El *Patagotitan* era como tres autobuses de largo y pesaba lo mismo que quince elefantes africanos juntos. Deambulaba por las áridas llanuras de la actual Argentina durante el periodo cretácico superior para buscar plantas, el combustible necesario para su inmenso cuerpo.

EL ESTÓMAGO DEL *PATAGOTITAN* PESABA COMO UN HIPOPÓTAMO ENTERO.

EL INTESTINO DEL *PATAGOTITAN* QUIZÁ MEDÍA UNOS 50 M DE LARGO.

DATOS CURIOSOS

En 2008, mientras buscaba una oveja que había perdido, un pastor de la Patagonia, en el sur de Argentina, vio un enorme objeto que sobresalía del suelo. Resultó ser un fémur de 2.4 m de un *Patagotitan*.

Con el paso de millones de años, el viento y la lluvia habían erosionado la roca a su alrededor.

El estómago del titanosaurio conservaba la comida unos once días para extraer el máximo posible de nutrientes. Las bacterias del intestino ayudaban a digerir los duros alimentos.

RAMONEABA LAS HOJAS DEL PINO AURAUCANO, LA *ARAUCARIA*. ESTE ÁRBOL CRECE AÚN EN LA PATAGONIA ACTUAL.

GANA EL PREMIO A LA CACA MÁS GRANDE: CADA EXCREMENTO SUYO PESABA COMO UN PERRO SALCHICHA.

¿CUÁNTA SANGRE BOMBEABA EL CORAZÓN DE UN SAURÓPODO?

El corazón es una máquina única, ya sea el del *Anchiornis*, un pequeño dinosaurio que se alimentaba de insectos, o el del *Argentinosaurus*, un saurópodo gigantesco. Eso sí: cuanto mayor fuera el dinosaurio, más grande tenía que ser este órgano. Jamás se ha descubierto un corazón de saurópodo fosilizado, así que los científicos deben fijarse en los animales actuales para saber cómo debía ser.

POTENTE BOMBA

Tanto los cocodrilos como las aves, ambos parientes de los dinosaurios, tienen corazones de cuatro cámaras, así que es probable que también los tuvieran los saurópodos, y debían funcionar de un modo parecido: cada lateral latía a la vez para bombear la sangre por todo el cuerpo y de vuelta a los pulmones para recoger oxígeno.

La aurícula derecha recibe la sangre pobre en oxígeno del cuerpo.

La aurícula izquierda recibe la sangre rica en oxígeno de los pulmones.

El ventrículo derecho envía la sangre pobre en oxígeno de vuelta a los pulmones.

El ventrículo izquierdo bombea la sangre rica en oxígeno de los pulmones al resto del cuerpo.

CON SUS 230 KG, EL CORAZÓN DE UN SAURÓPODO PESABA TANTO COMO UN OSO PARDO MACHO.

LAS VENAS DE UN SAURÓPODO ERAN TAN GRANDES QUE UN NIÑO PEQUEÑO PODRÍA GATEAR POR ELLAS.

El **corazón de saurópodo** más grande bombeaba unos 90 l de sangre por latido.

DATOS CURIOSOS

Los pulpos y los calamares tienen tres corazones. El corazón principal bombea sangre por el cuerpo y los otros dos la bombean a las branquias. Su sangre es azul.

Algunos escincos de Papúa Nueva Guinea tienen la sangre verde, por lo que su corazón es también verde, igual que los músculos, los huesos y la lengua.

Las jirafas tienen los músculos del ventrículo izquierdo muy potentes para hacer subir la sangre por el cuello hasta el cerebro cuando tienen la cabeza erguida y evitar así marearse.

Los científicos han calculado que el *Patagotitan* debía de bombear sangre cada cinco segundos, o lo que es lo mismo, doce latidos por minuto. Debían de tener un corazón colosal para ejercer la fuerza suficiente para bombear la sangre por todo su imponente cuerpo.

EL CORAZÓN DE UNA **BALLENA AZUL** PESA UNOS 200 KG, Y ES EL MÁS GRANDE DE LOS ANIMALES VIVOS.

EL **COLIBRÍ ZUNZUNCITO** ES EL DINOSAURIO VIVO MÁS PEQUEÑO. SU CORAZÓN LATE 1260 VECES POR MINUTO.

¿CUÁL FUE EL DINOSAURIO
MÁS VELOZ?

Conocidos como **«dinosaurios avestruz»**, los ornitomímidos eran terópodos plumados con pico y sin dientes. Aparecieron en el Cretácico inferior en lo que ahora es Norteamérica y Asia. Eran mucho más grandes que los avestruces modernos y podían correr mucho más que otros dinosaurios. En cambio, los dinosaurios acorazados, como el *Stegosaurus*, avanzaban a paso lento a la misma velocidad que un humano.

Muchos cazadores de dos patas, como el *Tyrannosaurus*, debían moverse rápido, y a pesar de su enorme tamaño, los científicos calculan que el *Tyrannosaurus* era capaz de llegar hasta los 20 km/h.

Los corredores más rápidos pueden alcanzar una velocidad máxima de 44 km/h.

Blindado como un tanque y armado con una cola con picos, el *Stegosaurus* no necesitaba la velocidad para huir de sus predadores; es probable que no superara los 11 km/h.

El *Ornithomimus* fue el dinosaurio **más rápido**. Habría superado a un caballo de carreras.

El *Velociraptor*, cuyo nombre significa «ladrón veloz», era ligero y ágil, y atrapaba con facilidad a la mayoría de sus presas con pequeños esprints de hasta 40 km/h.

EL *ORNITHOMIMUS* PODRÍA HABER CRUZADO UN CAMPO DE FUTBOL DE PUNTA A PUNTA EN SOLO 5 SEGUNDOS.

EL ANIMAL TERRESTRE ACTUAL MÁS RÁPIDO ES EL **GUEPARDO**, CON UN ESPRINT EN CARRERA DE CASI 112 KM/H.

DATOS CURIOSOS

El *Gallimimus* fue el más grande y pesado de todos los ornitomímidos. Con sus 440 kg, pesaba igual que un piano de cola.

La larga cola ayudaba al dinosaurio a mantener su peso en equilibrio mientras corría a toda velocidad.

Hoy en día, el ave más rápida de la Tierra es el avestruz. Confía en su velocidad máxima de 70 km/h para escapar de sus predadores. Si lo acorralan, ataca con sus fuertes patas.

El avestruz puede matar a un predador de una patada.

Con un cuerpo ligero, extremidades traseras largas y patas con potentes músculos, los ornitomímidos eran unos grandes velocistas. El más rápido fue el *Ornithomimus*, que, con su longitud aproximada de 3.5 m, también era uno de los dinosaurios avestruz más pequeños. Estos dinosaurios plumados clavaban los dedos en el suelo al correr, igual que los clavos de los tenis de atletismo. Cualquier ayuda era poca para huir de su principal predador: el tiranosaurio.

Los científicos calculan que el *Ornithomimus* podía alcanzar los 80 km/h.

Las patas largas eran finas, igual que las de todos los animales rápidos actuales.

¿QUÉ DINOSAURIO TENÍA LA
COLA MÁS LARGA?

El *Diplodocus* era un saurópodo y uno de los mayores animales terrestres que han existido. Tenía una cola larga que utilizaba para equilibrarse. Pero como este herbívoro no se podía mover muy rápido y avanzaba a paso lento con su velocidad máxima de 15 km/h, seguramente también usaba su larga cola para defenderse, propinando un buen golpe a cualquier criatura que se atreviera a acercarse a él. Con unos 14 m de longitud, el tamaño de un avión de caza pequeño, tenía la cola más larga de todos los animales terrestres que se han conocido.

El *Diplodocus* tenía la cola **más larga** de todos los animales de la Tierra.

El ***Diplodocus*** seguramente mantenía la cola levantada como contrapeso de su largo cuello.

EL *DIPLODOCUS* MEDÍA UNOS 33 M DE LARGO; CASI TODA ESTA LONGITUD ERA DEL CUELLO Y LA COLA.

***DIPLODOCUS* SIGNIFICA «DOBLE VIGA» EN GRIEGO, POR LOS HUESOS EN FORMA DE CHEURÓN QUE TIENE BAJO LA COLA.**

DATOS CURIOSOS

En 2016, los paleontólogos hallaron indicios de una cola plumada de dinosaurio conservada en un bloque de ámbar de 99 millones de años. El propietario de la cola era un celurosaurio, un dinosaurio carnívoro que tenía el tamaño de un gorrión.

Las plumas de la cola eran de color marrón.

Este herbívoro del Cretácico superior, conocido como *Stegouros*, tenía un arma formidable: una cola corta pero llena de cuchillas que parecía un macuahuitl, un arma azteca. También tenía menos huesos en la cola que los otros dinosaurios acorazados.

Las placas de hueso afilado de la cola eran una gran arma.

El *Shunosaurus*, un saurópodo lento de la China jurásica, tenía un arma eficaz contra los predadores: una cola de huesos con pequeños picos.

Los picos de la cola eran osteodermos, unos huesos incrustados en la piel.

El registro fósil indica que el *Diplodocus* tenía una cresta de finas espinas óseas a lo largo del cuello, la espalda y la cola.

La fenomenal cola del *Diplodocus* estaba compuesta por más de 80 huesos, algunos del tamaño de la palma de tu mano. Estos huesos eran más cortos que los del cuello, lo que les daba una mayor flexibilidad. Al ser más fina hacia la punta, el *Diplodocus* podía mover el extremo de su cola como un látigo y hacer un chasquido ensordecedor que rompía la barrera del sonido.

SE CREE QUE PODÍA MOVER LA PUNTA DE LA COLA A 1200 KM/H, **MÁS RÁPIDO** QUE UN AVIÓN.

CON 2.4 M DE LARGO, LA **JIRAFA** TIENE LA COLA MÁS LARGA DE TODOS LOS ANIMALES VIVOS.

El
Diplodocus tenía
356 huesos.
El esqueleto de
una persona adulta
se compone de
206 huesos.

DIPPY

Este esqueleto de *Diplodocus* de 26 m de longitud lleva más de 100 años expuesto en el Museo de Historia Natural de Londres, y es uno de los dinosaurios más famosos del mundo. Se llama Dippy y está compuesto por réplicas de los huesos originales descubiertos en Wyoming, Estados Unidos, en 1898. Al principio la larga cola se reconstruyó apoyada en el suelo, pero ahora creemos que los *Diplodocus* debían sostenerla en el aire para equilibrar su largo cuello.

El **Tyrannosaurus mordía más fuerte** que cualquier otro animal terrestre.

El *Tyrannosaurus* medía unos 13 m de largo.

EL *TYRANNOSAURUS* ESTABA EN LO **ALTO DE LA CADENA ALIMENTARIA**; NO TEMÍA A LOS DEMÁS ANIMALES, SALVO A OTROS *TYRANNOSAURUS*.

¿QUÉ DINOSAURIO PODÍA
MORDER MÁS FUERTE?

El *Tyrannosaurus* ha sido uno de los predadores terrestres más letales que ha habido. Deambulaba por los bosques y campos abiertos de Norteamérica muy al final de la era mesozoica, al acecho de presas. Equipado con un arma letal, sus colosales mandíbulas de dientes enormes, este terrorífico cazador podía destrozar casi cualquier animal.

Su musculosa cola le ayudaba a contrarrestar el peso de la cabeza.

Aunque algunos dinosaurios carnívoros eran de un tamaño parecido, ninguno tenía el mordisco letal del *Tyrannosaurus*. Además de contar con una mandíbula potentísima, tenía también músculos muy fuertes en el cuello que aseguraban que a la víctima no le quedara un hueso entero. Mordía con tanta fuerza que incluso habría podido destrozar un coche pequeño.

MANDÍBULAS FORMIDABLES

El *Tyrannosaurus* debía su mordedura mortal a los músculos macizos que movían sus potentes mandíbulas. Con cada mordisco, arrancaba trozos de carne y se los tragaba enteros.

Este pequeño músculo abría las mandíbulas.

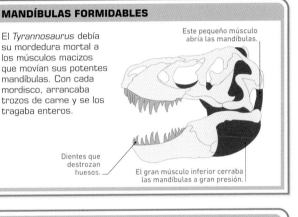

Dientes que destrozan huesos.

El gran músculo inferior cerraba las mandíbulas a gran presión.

DATOS CURIOSOS

Estudiando los huesos y los músculos de las mandíbulas de los animales se puede saber con qué fuerza muerden. Se calcula que el tiburón blanco muerde con una fuerza de alrededor de 18000 newtons (N), y posiblemente es el mordisco más potente de cualquier animal vivo. Pero se calcula que el *Tyrannosaurus* mordía con una fuerza de entre 35000 y 60000 N, más del doble que la del tiburón blanco.

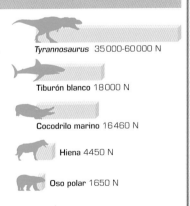

Tyrannosaurus 35000-60000 N

Tiburón blanco 18000 N

Cocodrilo marino 16460 N

Hiena 4450 N

Oso polar 1650 N

UNOS **MINÚSCULOS PARÁSITOS** ATACABAN LOS TEJIDOS BLANDOS DE LA GARGANTA Y LA MANDÍBULA DE ALGUNOS TIRANOSAURIOS.

RESPECTO A SU TAMAÑO, EL PINZÓN DE DARWIN PICOMEDIANO TIENE UN MORDISCO 320 VECES **MÁS FUERTE** QUE EL DEL *TYRANNOSAURUS*.

¿QUÉ DINOSAURIO TENÍA LOS
DIENTES MÁS LARGOS?

Los dientes de dinosaurio son de diversas formas y tamaños. Estudiándolos, se puede deducir qué y cómo comían. Por ejemplo, es típico que los dinosaurios con dientes afilados, curvos y serrados fueran carnívoros. De todos los dientes de dinosaurio que se conocen, los del *Tyrannosaurus* se llevan el título a los más largos. Sus mandíbulas estaban repletas de dientes del tamaño de un plátano que eran capaces de romper huesos.

DATOS CURIOSOS

Los carnívoros tenían dientes afilados para desgarrar la carne y los herbívoros, planos para moler las duras plantas. Otros no tenían dientes, como el *Deinocheirus*, que usaba el pico para cortar trozos de plantas.

Pico sin dientes

Deinocheirus

Como los dinosaurios carnívoros, un cocodrilo pierde los dientes cuando se le gastan y le salen otros nuevos. Llegan a tener más de 3000 dientes durante toda la vida.

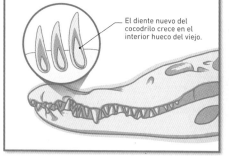

El diente nuevo del cocodrilo crece en el interior hueco del viejo.

El *Tyrannosaurus* fue el dinosaurio con los **dientes más largos**.

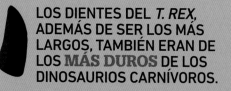

LOS DIENTES DEL *T. REX*, ADEMÁS DE SER LOS MÁS LARGOS, TAMBIÉN ERAN DE LOS **MÁS DUROS** DE LOS DINOSAURIOS CARNÍVOROS.

LAS PRUEBAS DE QUE EL *T. REX* SE TRAGABA **HUESOS** PROVIENEN DE FRAGMENTOS HALLADOS EN CACAS FOSILIZADAS.

El *Tyrannosaurus* tenía unas mandíbulas llenas de filas de dientes de diversos tamaños. El más largo llegaba a los 20 cm. Estaban afilados y serrados, lo que le permitía perforar y cortar piel dura y músculo. Pero también tenían raíces muy profundas para poder morder huesos y romperlos sin que se les cayeran.

MORDISCOS LETALES

El *Tyrannosaurus* tenía unos dientes especializados que le permitían atacar a cualquier presa, incluso el mayor dinosaurio cornudo, el *Triceratops*. Se han hallado huesos fosilizados con marcas de mordiscos que coincidían con los dientes de un *Tyrannosaurus*. También se han encontrado marcas iguales en los volantes del cuello, lo que indica que el *Tyrannosaurus* había intentado comerse los carnosos músculos del cuello del *Triceratops*.

Triceratops y Tyrannosaurus

 NO TODOS LOS **ATAQUES** ERAN LETALES. ALGUNOS FÓSILES PRESENTAN MARCAS DE MORDISCOS DE *T. REX*.

 LA **MANDÍBULA REPLETA DE DIENTES** DEL *T. REX* MEDÍA UNOS 120 CM.

¿QUÉ DINOSAURIO TENÍA
MÁS DIENTES?

El número de dientes que tenía un dinosaurio en sus mandíbulas variaba según la especie. Los que tenían los dientes más eficaces eran los conocidos como dinosaurios con «pico de pato», los hadrosaurios como el *Edmontosaurus*. Los hadrosaurios fueron un diverso grupo de dinosaurios herbívoros que vivió durante el periodo cretácico. Sus dientes eran más eficientes y complejos que los de los rumiantes modernos.

> Un **hadrosaurio** tenía 30 veces **más dientes que un humano.**

DATOS CURIOSOS

Los tiburones tienen varias filas de dientes que van sustituyendo constantemente. Algunos llegan a tener hasta 30 000 dientes a lo largo de su vida.

El tiburón ballena tiene 300 filas de diminutos dientes y otras estructuras que parecen dientes sobre el cuerpo que le ayudan a avanzar por el agua.

En tierra firme, el armadillo gigante es el mamífero con más dientes: tiene hasta un centenar.

CASI TODOS LOS HERBÍVOROS TENÍAN **MUELAS EN FORMA DE HOJA** CON LOS BORDES SERRADOS.

UN PEZ ANTIGUO, EL *HELICOPRION*, TENÍA UNA ESPIRAL DE DIENTES EN LAS MANDÍBULAS.

Un humano adulto tiene 32 dientes, mientras que los hadrosaurios llegaban a tener hasta 1000 dientes minúsculos, es decir, unas 30 veces más. Los hadrosaurios eran los dinosaurios con los dientes más complejos, pues los tenían de tejidos de seis tipos diferentes; los rumiantes modernos como los caballos y las vacas solo los tienen de cuatro tipos.

A MOLER

Los dientes del hadrosaurio estaban situados dentro de una batería dental, que contenía cientos de dientes situados unos sobre otros. A medida que se gastaban, iban siendo sustituidos durante toda la vida del animal. Estas baterías de dientes tenían el ángulo justo para que el dinosaurio pudiera moler la vegetación más dura y convertirla en una pasta fácil de digerir.

Superficie ancha para moler

Batería de dientes del hadrosaurio

EL MACHO DE BABIRUSA, PARECIDO A UN CERDO, TIENE UNOS CANINOS QUE SE CURVAN ARRIBA Y HACIA ATRÁS, Y QUE A VECES LE PERFORAN LA CARA.

LOS GIGANTES COLMILLOS DE LOS ELEFANTES SON EN REALIDAD UNOS INCISIVOS EXTRALARGOS.

El *Therizinosaurus* es el animal con las **uñas más largas** que ha existido.

Cada uña de hueso estaba cubierta con una vaina de queratina, igual que los cuernos, lo que las hacía incluso más largas.

Dedos

El *Therizinosaurus*, del tamaño de una jirafa, tenía las uñas más largas que cualquier otro animal, vivo o extinto. Su uña más larga medía unos 50 cm, más que un gato doméstico. Además de usarlas para recoger plantas, las podía utilizar para defenderse. El *Therizinosaurus* tenía las patas cortas y probablemente no era capaz de huir de los predadores.

CUANDO SE DESCUBRIERON LOS PRIMEROS FÓSILES DE *THERIZINOSAURUS*, LOS CIENTÍFICOS CREYERON QUE PERTENECÍAN A UNA **TORTUGA GIGANTE**.

24 EL CARNÍVORO *DAKOTARAPTOR* TENÍA UNA UÑA LETAL DE 24 CM DE LONGITUD.

¿QUÉ DINOSAURIO TENÍA LAS
UÑAS MÁS LARGAS?

Las uñas de dinosaurio revelan mucha información sobre cómo vivieron estas criaturas. Mientras que los herbívoros tenían uñas cortas o pezuñas para protegerse los dedos, la mayoría de los carnívoros estaban armados con letales garras afiladas. Estos dinosaurios predadores las usaban como si fueran garfios para atrapar a sus víctimas antes de comérselas a bocados. Pero el *Therizinosaurus*, un inusual terópodo, era herbívoro. Empleaba sus colosales garras en forma de guadaña para cortar hojas.

Una de las uñas era más larga que el resto.

DATOS CURIOSOS

Fósil de la uña de un pulgar de *Apatosaurus*

El gran herbívoro *Apatosaurus* tenía una uña enorme en el pulgar de cada mano, que medía unos 30 cm de largo. Seguramente la usaba para excavar agujeros donde poner los huevos.

Cada uña de su garra era larga como un plátano.

El *Deinocheirus*, un pariente cercano del *Therizinosaurus*, vivió hace unos 70 millones de años. Es el terópodo con los brazos más largos que se conoce (hasta 2.4 m). Tenía grandes manos de tres dedos y las uñas romas, que utilizaba para romper la vegetación dura.

La uña acababa en punta afilada.

A diferencia de otros terópodos, el *Baryonyx* cazaba sus presas en tierra firme y en el agua. Quizá utilizaba la uña corva del pulgar para sacar peces del agua, ya que se han descubierto fósiles de *Baryonyx* con restos de peces, además de huesos de un bebé dinosaurio.

Los gatos tienen las uñas retráctiles: para mantenerlas afiladas, las ocultan cuando no cazan ni se suben a los árboles.

LA **QUERATINA** ES UNA PROTEÍNA. EL MATERIAL DE LAS PLUMAS Y LOS CUERNOS ES EL MISMO QUE FORMA LAS UÑAS Y EL PELO DE TU CABEZA.

LOS **CAZADORES** CON FORMA DE AVE COMO EL VELOCIRAPTOR USABAN SUS GARRAS PARA SUBIR A LOS ÁRBOLES.

HERBÍVOROS

Con su largo cuello, cuerpo
fuerte y garras enormes,
el *Therizinosaurus* era un
dinosaurio de aspecto
peculiar. Los primeros
fósiles estaban incompletos
y los científicos no se
ponían de acuerdo en qué
clase de animal era. Ahora
sabemos que era un tipo
de terópodo, el mismo
grupo de dinosaurios en el
que se encuentran algunos
feroces carnívoros como
el *Tyrannosaurus* y el
Velociraptor, pero a
diferencia de estos, el
Therizinosaurus solo se
alimentaba de plantas.

El *Therizinosaurus* fue el **mayor** de los manirraptores, grupo de terópodos de brazos largos.

¿CÓMO CAZABAN
LOS DINOSAURIOS?

El tamaño de los dinosaurios carnívoros iba desde las criaturas pequeñas en forma de ave hasta los terroríficos gigantes como el *Tyrannosaurus*. Todos corrían en dos patas y aprovechaban su velocidad para superar a sus presas y atraparlas con sus garras o dientes. La mayoría probablemente buscaban víctimas más pequeñas que ellos, pero algunos elegidos estaban preparados para enfrentarse a los descomunales herbívoros de su era. Algunos incluso formaban manadas para atacar a un único animal grande y vencerlo gracias al gran número de atacantes.

El *Allosaurus* medía más de 8.5 m de longitud y superaba las 2 toneladas.

Su pesada cola le ayudaba a mantener el equilibrio.

DATOS CURIOSOS

Unos cazadores muy pequeños, como el *Shuvuuia*, del tamaño de una gallina, cazaban insectos, lagartos y pequeños mamíferos. Tenían unos brazos cortos pero fuertes que quizá usaban para excavar y sacar a las presas de sus madrigueras. Es probable que cazaran de noche.

MUCHOS DINOSAURIOS PERDÍAN DIENTES AL ATACAR A SUS PRESAS, PERO LES VOLVÍAN A CRECER OTRAS.

SE PUEDE DEDUCIR CÓMO CAZABAN LOS DINOSAURIOS A PARTIR DE SUS DIENTES, GARRAS E INCLUSO DEL CONTENIDO FOSILIZADO DE SU ESTÓMAGO.

TÁCTICAS ESPECIALES

El *Velociraptor* y sus parientes, como el *Deinonychus*, más grande, tenían en cada garra una uña afilada en forma de gancho. Quizá la usaban para clavar a las presas en el suelo mientras las destripaban con los dientes. Las águilas modernas siguen una técnica parecida.

La uña en gancho no tocaba el suelo y se mantenía siempre afilada.

Deinonychus

Los brazos pequeños del *Tyrannosaurus* no le servían de mucho. Puede que se lanzara al ataque confiando en sus mandíbulas para destrozar a sus grandes presas, como hace el tiburón blanco actual.

Los fuertes dientes no se rompían al tocar hueso.

Tyrannosaurus

El *Stegosaurus* se defendía con su cola de picos.

Los **dientes de cuchillo** cortaban con facilidad la piel dura de los dinosaurios.

El *Allosaurus* tenía tres fuertes dedos con uñas en cada garra.

Los cazadores como el *Allosaurus* jurásico tenían los brazos fuertes, con garras largas y potentes, ideales para atrapar a sus presas. Tenían unos dientes finos y muy afilados, serrados por detrás como los cuchillos de carne. Los podían utilizar para atacar a las presas grandes y despedazarlas a mordiscos mientras las sujetaban con las uñas. Estas hojas serradas también estaban bien adaptadas para arrancar bocados de carne del esqueleto.

EL **GUEPARDO**, EL ANIMAL MÁS RÁPIDO, CONFÍA EN SU VELOCIDAD PARA ATRAPAR A LAS PRESAS.

SU CEREBRO INDICA QUE LOS DINOSAURIOS CAZADORES TENÍAN UNOS **SENTIDOS MUY AGUDOS**, COMO LOS BÚHOS Y ÁGUILAS.

¿QUÉ DINOSAURIO TENÍA LA
CORAZA MÁS DURA?

Algunos de los dinosaurios más duros de roer que han existido formaban parte de una familia de herbívoros conocidos como anquilosaurios. Eran como tanques, estaban blindados con picos, placas de hueso y colas armadas. Uno de los anquilosaurios más grandes era el *Ankylosaurus*. Aprovechaba su fuerte armadura para defenderse en un hábitat repleto de feroces predadores carnívoros, como el *Tyrannosaurus rex*.

Su dura piel curtida estaba llena de filas de placas de hueso, los osteodermos.

Unas placas especiales cubiertas de piel y queratina protegían a los dinosaurios blindados. Estas placas se mantenían en su lugar gracias a una dura proteína, el colágeno, que se ordenaba siguiendo un patrón entrecruzado. Esto hacía que la piel del anquilosaurio fuera casi impenetrable, como la armadura de hierro de los caballeros medievales.

Al final de la cola, cuatro fragmentos de hueso fusionados eran un arma letal.

ARMADILLO BLINDADO

Los armadillos viven en América del Norte y del Sur. Son los únicos mamíferos vivos que tienen placas de hueso para disuadir a los predadores. Pero el armadillo de tres bandas va un paso más allá: si se siente amenazado, forma una bola para una protección total.

El armadillo esconde las extremidades en su protección ósea en una bola impenetrable.

Su único punto débil era el vientre, donde no tenía placas de hueso.

LAS PROTECCIONES DEL *ANKYLOSAURUS* PESABAN TANTO COMO UN **RINOCERONTE NEGRO**.

LAS **PLACAS ÓSEAS** DE UN *ANKYLOSAURUS* IBAN DESDE EL TAMAÑO DE UNA PEQUEÑA MONEDA HASTA EL DE UNA PELOTA DE BÁSQUETBOL.

DATOS CURIOSOS

Los fósiles de uno de los anquilosaurios más pequeños, *Minmi*, se descubrieron en Australia en 1964. Este dinosaurio cretácico tenía pequeñas placas de hueso en el vientre, además de huesos adicionales en la espalda que aportaan una estructura más sólida para soportar sus músculos.

Los fósiles indican que *Minmi* medía unos 3 m de largo.

Uno de los fósiles de dinosaurio mejor conservados se descubrió en 2011 en Canadá. El fósil de 110 millones de años de un dinosaurio blindado conocido como *Borealopelta* se conserva tan bien que parece la réplica en 3D de un dinosaurio durmiendo.

Picos de hueso de *Borealopelta*

La cabeza estaba cubierta de pequeñas placas de hueso entrelazadas que protegían al dinosaurio de las mandíbulas letales de los predadores.

Los caballeros llevaban pesadas armaduras para protegerse de las armas enemigas.

Le salían unos largos cuernos de la parte trasera de la cabeza y de las mejillas.

La armadura del *Ankylosaurus* era **tan dura** que podía resistir el mordisco de un *T. rex*.

EL PRIMER FÓSIL DE DINOSAURIO HALLADO EN LA **ANTÁRTIDA** FUE DE UN ANQUILOSAURIO LLAMADO *ANTARCTOPELTA*.

EL *BOREALOPELTA* TENÍA LA LONGITUD DE UN COCODRILO AMERICANO.

CONTRAATAQUE

Incluso para un predador como el *Tyrannosaurus*, un *Ankylosaurus* era un hueso duro de roer. Sus gruesas placas eran lo bastante duras para romper los dientes del atacante, y podía contraatacar con su pesada cola: propinaba golpes como si fuera un mazo, que infligían dolorosas lesiones e incluso podían romper una pata. Quizá aprendió pronto que era mucho mejor dejarlo solo y buscar presas más fáciles.

Los **huesos del cráneo** del *Ankylosaurus* estaban unidos para ser más duros.

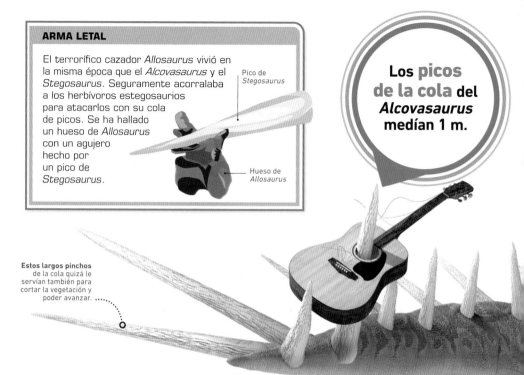

ARMA LETAL

El terrorífico cazador *Allosaurus* vivió en la misma época que el *Alcovasaurus* y el *Stegosaurus*. Seguramente acorralaba a los herbívoros estegosaurios para atacarlos con su cola de picos. Se ha hallado un hueso de *Allosaurus* con un agujero hecho por un pico de *Stegosaurus*.

Pico de *Stegosaurus*

Hueso de *Allosaurus*

Los **picos** **de la cola** del ***Alcovasaurus*** médian 1 m.

Estos largos pinchos de la cola quizá le servían también para cortar la vegetación y poder avanzar.

¿QUÉ DINOSAURIO TENÍA LOS
PICOS DE DEFENSA
MÁS LARGOS?

Con dos filas de enormes placas de hueso en el espinazo y largos picos al final de la cola, el *Stegosaurus* es uno de los dinosaurios más fáciles de reconocer. Pero hay otro dinosaurio, pariente cercano de él, que quizá tenía unos picos incluso más largos al final de la cola: el *Alcovasaurus*. El *Alcovasaurus* era un herbívoro del tamaño de un elefante con una cola flexible de picos, una gran arma defensiva que le permitía ahuyentar a los predadores.

NO FUE HASTA 2016 QUE SE IDENTIFICÓ EL *ALCOVASAURUS* COMO UNA **NUEVA ESPECIE**.

EL *KENTROSAURUS* PODÍA MOVER SU COLA DE PICOS A UNA VELOCIDAD MÁXIMA DE 145 KM/H.

DATOS CURIOSOS

Algunos animales modernos están cubiertos de picos, espinas o púas, que son pelos modificados para que sean rígidos y duros. Un erizo tiene hasta 7000 púas afiladas que usa como defensa.

El erizo se enrolla y forma una bola de picos ante cualquier amenaza.

Pese a su aspecto amenazador, el diablo espinoso del desierto australiano es del todo inofensivo. Para defenderse de los predadores tiene una armadura de espinas afiladas que lo convierten en un mal bocado.

El pequeño lagarto está todo cubierto de picos espinosos.

Las placas de hueso a lo largo de la espalda podían ayudar a disuadir a sus predadores, a atraer parejas o a controlar la temperatura del cuerpo.

Se ha descubierto solo un puñado de fósiles de *Alcovasaurus*, como algunas vértebras, huesos de las patas, varias costillas y picos de la cola, que, por desgracia, se estropearon a finales de la década de 1920. Hoy, los científicos solo pueden consultar algunos moldes de yeso, fotografías y los pocos fósiles restantes. No obstante, los paleontólogos han calculado que debía tener unos 6.5 m de longitud, con dos pares de picos en la punta de la cola de, como mínimo, 1 m de largo, lo mismo que una guitarra.

25

EL *ALCOVASAURUS* TENÍA LA COLA UN 25 % MÁS CORTA QUE EL *STEGOSAURUS*, PERO SUS PICOS ERAN EL DOBLE DE LARGOS.

LOS HOMBROS DEL *GIGANTSPINOSAURUS* TENÍAN ENORMES PICOS DE 60 CM.

Gran parte del volumen del cerebro se dedicaba a controlar el enorme cuerpo del animal.

El cerebro ocupaba una cavidad en el fondo del cráneo.

Los saurópodos tenían un cuerpo enorme, pero su cabeza y su cerebro eran muy pequeños.

Los dinosaurios saurópodos, como el *Camarasaurus*, fueron los animales terrestres más grandes, y sin embargo su cráneo era muy pequeño. El cerebro ni siquiera llenaba todo el cráneo. La parte dedicada al sentido del olfato era relativamente grande, así que seguro era vital para su supervivencia.

¿DE QUÉ TAMAÑO ERA
SU CEREBRO?

Algunos dinosaurios tenían un cerebro muy pequeño en comparación con su cuerpo. El gigantesco saurópodo *Camarasaurus* podía crecer hasta los 23 m de largo y, sin embargo, su cerebro pesaba menos que un limón. Debía de ser todo lo que necesitaba, posiblemente porque era un herbívoro con pocos problemas en los que pensar. Los cazadores, como el pequeño terópodo *Stenonychosaurus*, tenían que ser más listos que sus presas y, por lo tanto, tiene sentido que su cerebro fuera mucho más grande. Aun así, es poco probable que fueran más listos que una gallina.

SE USAN **RAYOS X** PARA VER POR DENTRO EL CRÁNEO DE LOS DINOSAURIOS Y CREAR IMÁGENES DE SU CEREBRO.

EN RELACIÓN CON EL CUERPO, EL **CEREBRO DE RATÓN** ES EQUIVALENTE A DE UN HUMANO; ASÍ, PUES EL TAMAÑO DEL CEREBRO NO ES EL MEJOR INDICADO DE LA INTELIGENCIA.

Los dinosaurios carnívoros tenían el cerebro más grande que los herbívoros. El más grande que se ha descubierto en relación con su peso corporal es el del *Stenonychosaurus*, un cazador ágil y ligero de unos 2.4 m de longitud. Tenía un cerebro sorprendentemente pequeño, como los otros, pero podía dedicar casi todo su volumen a funciones de memoria y resolución de problemas.

El tamaño relativo del cerebro era parecido al de las aves modernas.

Atrapar una presa
uiere ser listo, tener
gudeza de sentidos y
una gran velocidad
de reacción.

DATOS CURIOSOS

Las aves descienden de los dinosaurios terópodos y algunas, como los cuervos, son muy inteligentes. Su cerebro tiene una gran densidad de neuronas, así que son más listas de lo que indicaría el tamaño de su cerebro. ¿Pasaba lo mismo con algunos dinosaurios extintos?

Cuervo de Nueva Caledonia

Si la cavidad cerebral de un dinosaurio muerto se llena de barro, se puede endurecer y crear un molde del cerebro. Los científicos replican este proceso con goma líquida. Este molde de un cerebro de *Tyrannosaurus* muestra que no se parecía al de un humano, sino al de un cocodrilo.

El molde del cerebro es del tamaño de un plátano.

En 2004, un buscador de fósiles de Inglaterra descubrió un fragmento de tejido cerebral fosilizado en un trozo de cráneo de un dinosaurio herbívoro parecido al *Iguanodon*. La estructura del cerebro fósil muestra semejanzas con el cerebro de las aves y los cocodrilos, sus parientes vivos más cercanos.

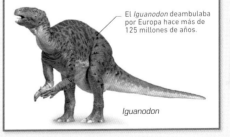

El *Iguanodon* deambulaba por Europa hace más de 125 millones de años.

Iguanodon

EL **CUERVO DE NUEVA CALEDONIA** FABRICA Y USA HERRAMIENTAS.

EL **CEREBRO HUMANO** ES DIFERENTE DEL DE LOS DINOSAURIOS PORQUE CUENTA CON UNA PARTE ENORME DEDICADA A PENSAR.

DATOS CURIOSOS

Muchas aves cantan gracias a un órgano que se llama siringe, compuesta por dos ramificaciones que funcionan por separado. Por eso pueden emitir dos sonidos a la vez. Como descienden de los dinosaurios terópodos, tal vez algunos de sus antepasados tenían la misma capacidad.

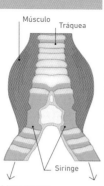

Músculo
Tráquea
Siringe
A los pulmones

Los aligátores, así como los cocodrilos, son parientes de los dinosaurios. Pueden gruñir, barritar y bramar, y también pueden producir un sonido profundo y retumbante. Este infrasonido tiene un tono tan bajo que no podemos oírlo, pero las vibraciones viajan por el suelo o el agua. Los elefantes pueden emitir un sonido parecido.

Las vibraciones hacen que el agua de su espalda salpique.

Algunos animales modernos, como varias ranas, focas y simios, tienen sacos vocales para chillar más alto. El dinosaurio herbívoro *Muttaburrasaurus* tenía una estructura en el hocico que tal vez contenía un saco vocal parecido.

El saco vocal se podía hinchar como un globo.

¿LOS DINOSAURIOS RUGÍAN?

Casi todos los animales terrestres vivos usan el sonido para comunicarse, y es probable que los dinosaurios hicieran lo mismo. Algunos fósiles tienen características que parecen hacerlos capaces de emitir sonidos. Queda claro que así es en las aves modernas, que heredaron gran parte de su anatomía de los dinosaurios. Según su naturaleza, los dinosaurios podían gruñir, barritar, silbar, chillar o incluso retumbar. No obstante, hasta ahora los científicos no tienen pruebas de que pudieran rugir.

El *Parasaurolophus* podía llegar a crecer hasta los 9.5 m de longitud y pesar unas 2.5 toneladas.

SEGURAMENTE EMITÍAN SONIDOS PARA MANTENERSE EN CONTACTO, ATRAER A LAS PAREJAS Y AVISAR DE PELIGROS.

EL *TYRANNOSAURUS* QUIZÁ HACÍA SONIDOS RETUMBANTES COMO LOS ALIGÁTORES Y LOS ELEFANTES.

La larga cresta de 1 m se compone de una parte central de hueso cubierta de piel.

El aire pasaba a través de la cresta.

Orificios nasales

La larga cresta del *Parasaurolophus* contenía unos conductos que iban y volvían de los orificios nasales hasta el final. Otras especies relacionadas tenían conductos de distinta longitud, así que es probable que su sonido fuera diferente.

Los científicos creen que algunos dinosaurios emitían sonidos. El *Parasaurolophus* y sus parientes tenían cráneos con grandes crestas de hueso que, con las vías aéreas unidas a los orificios nasales, actuaban como megáfonos para poder chillar más alto. Es probable que estos dinosaurios vivieran en el bosque, donde las llamadas entre animales eran importantes para mantener el contacto a pesar de estar ocultos entre los árboles.

TROMPETA NATURAL

La trompa del elefante es una extensión de su tráquea, que contiene la laringe y le permite emitir sonoros barritos que se oyen a mucha distancia. El *Parasaurolophus* seguramente utilizaba las vías aéreas de la cresta para emitir el mismo tipo de sonidos penetrantes.

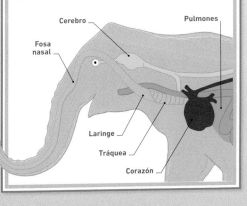

Cerebro

Pulmones

Fosa nasal

Laringe

Tráquea

Corazón

NO SE HAN HALLADO SIRINGES EN FÓSILES DE DINOSAURIO, Y ES POCO PROBABLE QUE PUDIERAN CANTAR.

10

LAS GRAVES LLAMADAS RETUMBANTES DE LOS ELEFANTES PUEDEN OÍRSE A 10 KM DE DISTANCIA.

GIGANTES DEL RAMONEO

El saurópodo típico tenía un cuello flexible, muscular y muy largo, y una cola larga para contrarrestar su peso que le permitía quedarse quieto y alimentarse en un área ancha, tanto del suelo como de los árboles. Tenía los dientes y las mandíbulas adaptados para conseguir grandes cantidades de alimentos vegetales muy rápido, por lo que no tenía dificultades para satisfacer su enorme apetito.

Con su largo cuello, los saurópodos tenían acceso a mucho alimento vegetal.

El mayor animal terrestre vivo es el elefante africano de sabana. Sin embargo, el mítico saurópodo jurásico *Apatosaurus* pesaba más del triple, y algunos titanosaurios eran incluso más grandes. El agua soporta el peso del animal vivo actual más grande, la ballena azul, pero el peso de los saurópodos reposaba sobre sus cuatro patas. ¿Por qué eran tan grandes? Sin duda, su gran tamaño disuadía a los enemigos, pero, sobre todo, un cuerpo gigantesco podía contener el gran sistema digestivo necesario para procesar enormes cantidades de vegetación y convertirlas en más carne de dinosaurio.

El enorme saurópodo *Apatosaurus* pesaba más de 33 toneladas.

Las patas, robustas como columnas, soportaban el peso del dinosaurio.

Un gran elefante africano de la sabana puede pesar 10 toneladas.

EL COLOSAL SAURÓPODO *ARGENTINOSAURUS* MEDÍA UNOS **35 M** DE LARGO Y PODÍA LLEGAR A PESAR **75 TONELADAS**.

EL SAURÓPODO MÁS PEQUEÑO, EL *MAGYAROSAURUS*, CRECÍA HASTA UNOS 6 M DE LONGITUD.

¿CÓMO SE HICIERON TAN GRANDES LOS SAURÓPODOS?

Los mayores animales terrestres que han existido fueron los saurópodos, unos dinosaurios herbívoros gigantes de cuello largo que caminaban a cuatro patas. Algunos eran más grandes que cualquier animal actual, como los titanosaurios, que vivieron al final de la era de los dinosaurios. ¿Pero por qué crecieron tanto? ¿Y cómo encontraban comida suficiente para alimentar esos cuerpos enormes? Aún no lo sabemos, pero sus restos fósiles nos han dado algunas pistas.

DATOS CURIOSOS

El calamar colosal es un gigante de las profundidades. Es el invertebrado más grande y puede alcanzar una longitud de hasta 14 m y pesar más de 500 kg.

Con 12 m de longitud, el tiburón ballena es el pez más grande del mundo. Pesa unas 18 toneladas.

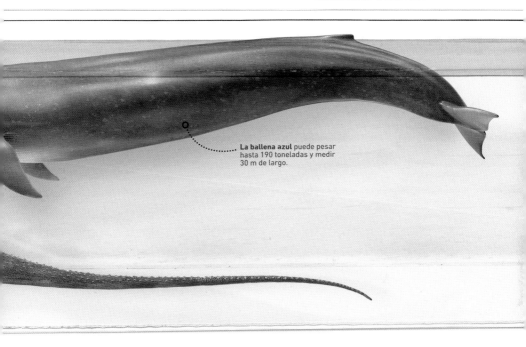

La ballena azul puede pesar hasta 190 toneladas y medir 30 m de largo.

PARA CALCULAR EL PESO DE UN DINOSAURIO, LOS CIENTÍFICOS CREAN MODELOS EN 3D.

ADEMÁS DE SER EL MÁS GRANDE, EL ELEFANTE AFRICANO DE SABANA TAMBIÉN ES EL ANIMAL TERRESTRE MÁS PESADO.

¿DE QUÉ TAMAÑO ERAN LOS
HUEVOS DE DINOSAURIO?

Por lo que sabemos, todos los dinosaurios ponían huevos, que tenían una cáscara dura, como los huevos de las aves, pero lo más probable es que fueran de diferente forma. Según el tipo de dinosaurio que los ponía, algunos eran redondos como una pelota, mientras que otros eran óvalos alargados. Muchos se ponían en nidos parecidos a los de las aves modernas. Otros huevos, en cambio, se han encontrado enterrados bajo tierra y es posible que los cubrieran con hojas para que los calentaran al pudrirse. En cuanto al tamaño, podían ser muy grandes, ¡pero no tanto como creemos!

BEBÉ YINGLIANG

La mayoría de los huevos de dinosaurio llegaban a abrirse, pero se han descubierto unos pocos con crías todavía por salir. Este que se halló en China en el año 2000 contenía los huesos fosilizados de un oviraptorosaurio, un dinosaurio parecido a un ave que se ha bautizado como Bebé Yingliang.

Fósil de embrión
de dinosaurio

El Bebé Yingliang
estaba apretujado
dentro de su huevo,
como los embriones de
las aves actuales
cuando están a punto
de romper el cascarón.

Los huevos de dinosaurio eran sorprendentemente pequeños. Parecían grandes en comparación con los huevos de ave, pero muchos eran diminutos en comparación con aquellos enormes animales. Este gigantesco saurópodo de cuello largo, el *Apatosaurus*, podía llegar a una longitud de 30 m o más, pero sus huevos medían solo 30 cm de ancho, lo que significa que sus bebés nacían muy pequeños y debían de crecer muy rápido. Un grupo de terópodos conocidos como cenagnátidos son los que ponían los huevos más grandes.

El *Citipati*, un dinosaurio
terópodo en forma de ave,
ponía grupos de huevos
largos y estrechos.

Huevo de gallina
5 cm de largo

Huevo de citipati
18 cm de largo

EN 1923, UNA EXPEDICIÓN A MONGOLIA DESCUBRIÓ LOS **PRIMEROS** FÓSILES DE HUEVOS DE DINOSAURIO.

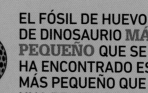

EL FÓSIL DE HUEVO DE DINOSAURIO **MÁS PEQUEÑO** QUE SE HA ENCONTRADO ES MÁS PEQUEÑO QUE UNA PELOTA DE GOLF.

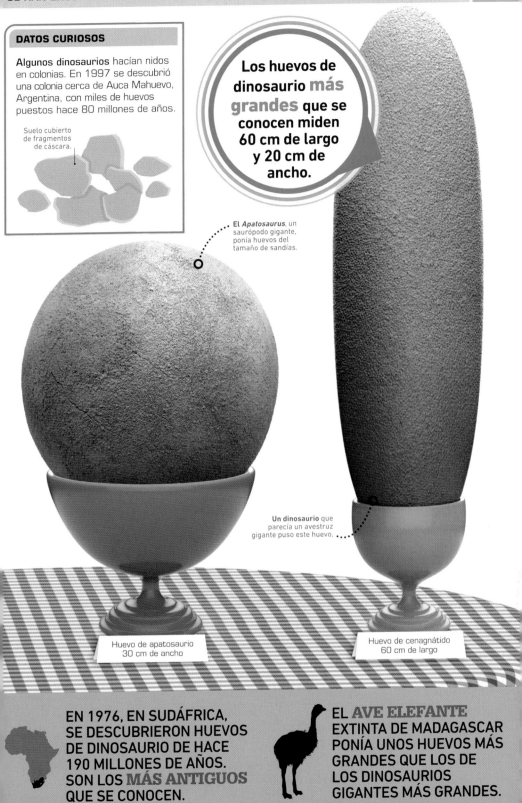

DATOS CURIOSOS

Algunos dinosaurios hacían nidos en colonias. En 1997 se descubrió una colonia cerca de Auca Mahuevo, Argentina, con miles de huevos puestos hace 80 millones de años.

Suelo cubierto de fragmentos de cáscara.

Los huevos de dinosaurio **más grandes** que se conocen miden 60 cm de largo y 20 cm de ancho.

El *Apatosaurus*, un saurópodo gigante, ponía huevos del tamaño de sandías.

Un dinosaurio que parecía un avestruz gigante puso este huevo.

Huevo de apatosaurio
30 cm de ancho

Huevo de cenagnátido
60 cm de largo

EN 1976, EN SUDÁFRICA, SE DESCUBRIERON HUEVOS DE DINOSAURIO DE HACE 190 MILLONES DE AÑOS. SON LOS **MÁS ANTIGUOS** QUE SE CONOCEN.

EL **AVE ELEFANTE** EXTINTA DE MADAGASCAR PONÍA UNOS HUEVOS MÁS GRANDES QUE LOS DE LOS DINOSAURIOS GIGANTES MÁS GRANDES.

¿A QUÉ VELOCIDAD CRECÍAN LOS
BEBÉS DE DINOSAURIO?

Los dinosaurios más grandes eran animales gigantescos. Un ejemplar adulto de saurópodo, uno de los herbívoros de cuello largo, podía pesar más que seis elefantes africanos. Pero un huevo de saurópodo no era más grande que una pelota de futbol, y el bebé que salía de su interior apenas tenía el tamaño de un bebé humano recién nacido, con un peso de unos 4 kg. En 30 años, la cría de dinosaurio podía convertirse en un adulto, con un peso 10 000 veces mayor, lo que significa que crecía a un ritmo fenomenal, ganando hasta 1800 kg por año, una cifra mucho más elevada que la de cualquier otro animal terrestre, vivo o extinto.

DATOS CURIOSOS

Aunque un dinosaurio joven crecía a una velocidad pasmosa, pasaba mucho tiempo dentro del cascarón. Los análisis de bebés de dinosaurio no nacidos demuestran que algunos estaban hasta seis meses en el interior del huevo.

La yema aportaba los nutrientes para que el bebé creciera.

Los esqueletos fósiles de dinosaurios jóvenes muestran que, igual que muchos animales jóvenes, como este bebé gorila, tenían las patas y la cabeza desproporcionadas. Al crecer, el cuerpo iba tomando las proporciones de los adultos.

Gorila recién nacido

En el año 2000 se encontraron los huesos fósiles de un joven *Rapetosaurus* en la colección de un museo. Este animal era un titanosaurio, un tipo de saurópodo que como adulto pesaba más que dos elefantes africanos juntos. El joven *Rapetosaurus* tenía unos dos meses cuando murió. Seguramente medía unos 35 cm hasta la cadera, una altura similar a la de un golden retriever, y pesaba 40 kg. Pero recién salido del cascarón pesaba unas diez veces menos, lo que ilustra la gran velocidad a la que crecían los dinosaurios.

Un bebé recién salido de un huevo de este tamaño habría pesado unos 4 kg.

El huevo de saurópodo más grande descubierto tiene el tamaño de una pelota de futbol. La mayoría eran más pequeños, de unos 12 cm.

LOS **FÓSILES** DEL JOVEN *RAPETOSAURUS* SON LOS MÁS COMPLETOS ENTRE LOS TITANOSAURIOS JÓVENES.

DURANTE EL PRIMER AÑO LAS *CRÍAS DE MAIASAURA* SE QUEDABAN EN EL NIDO O CERCA, Y SUS PADRES LES TRAÍAN COMIDA.

A CRECER

Al parecer, los diferentes tipos de dinosaurios crecían a distinto ritmo hasta alcanzar su talla adulta. Un *Tyrannosaurus* tardaba 20 años en desarrollarse, mientras que un *Maiasaura*, un hadrosaurio que podía llegar a los 9 m de longitud, lo hacía en tan solo ocho. Recién salido del cascarón, el bebé de *Maiasaura* medía unos 40 cm, pero tras el primer año superaba los 1.5 m.

Familia de *Maiasaura*

Con 15 m, el *Rapetosaurus* era tan largo como dos autobuses.

El golden retriever tarda entre 16 y 24 meses en llegar a su tamaño adulto.

El joven *Rapetosaurus* era minúsculo comparado con sus padres.

EL *TYRANNOSAURUS* PEGABA UN ESTIRÓN ENTRE LOS 15 Y LOS 20 AÑOS; AUMENTABA MÁS DE 2 KG POR DÍA.

LOS CIENTÍFICOS VIERON POR PRIMERA VEZ LAS LÍNEAS DE CRECIMIENTO DE LOS HUESOS DE DINOSAURIO EN LOS FÓSILES DE UN SAURÓPODO JURÁSICO EN 1981.

Para estar
más **seguro**,
el *Brachiosaurus*
iba en grupo por
los bosques de
Norteamérica.

BEBÉS DE DINOSAURIO

Los dinosaurios eran un grupo de animales diversos, y cada tipo cuidaba de sus crías de maneras distintas. Sabemos que algunos, como el *Maiasaura*, se ocupaban de sus jóvenes en el nido, les llevaban comida y ahuyentaban a los predadores. Otros, como el saurópodo de cuello largo *Brachiosaurus*, quizá animaban a sus jóvenes a seguirlos cuando se alejaban del nido para buscar comida. Algunos rastros de pisadas fósiles indican que los jóvenes acompañaban a menudo a los adultos.

¿CUÁNTO VIVÍAN LOS
DINOSAURIOS?

Antes los científicos creían que los dinosaurios gigantes crecían con la misma lentitud que los lagartos, los cocodrilos y otros reptiles modernos. De ser así, ¡tendrían que haber vivido siglos para llegar a ser tan grandes! Pero ahora queda claro que los dinosaurios crecían mucho más rápido, lo que permitía que algunos llegaran a un tamaño colosal con una esperanza de vida muy similar a la nuestra. El análisis de sus restos fósiles así lo confirma, e indica que los dinosaurios gigantes como el *Tyrannosaurus* morían tras pocas décadas de vida.

Puede que los enormes saurópodos como el *Diplodocus* vivieran unos 80 años.

30 TRIX, EL EJEMPLAR DE *TYRANNOSAURUS* MÁS ANTIGUO ENCONTRADO, TENÍA UNOS **30 AÑOS** CUANDO MURIÓ.

SEGÚN LA **ESPERANZA DE VIDA** DE LOS ANIMALES ACTUALES, UN DINOSAURIO PEQUEÑO VIVÍA MENOS QUE UNO GRANDE.

DATOS CURIOSOS

Algunos insectos tienen vidas muy cortas. Las cachipollas viven solo unas horas, lo suficiente para aparearse y poner huevos.

Pocos animales viven siglos. Se calcula que algunas de las esponjas barril del lecho del mar Caribe tienen al menos 2300 años de edad.

En 1983, científicos que estudiaban unos huesos de *Bothriospondylus*, un gran saurópodo herbívoro, descubrieron que había muerto a los 43 años. No obstante, el animal estaba medio desarrollado, por lo que debía de haber muerto bastante joven. Para alcanzar su tamaño completo tendría que haber vivido otros 30 años o más, lo que le da una posible esperanza de vida de 80 años. Es probable que los grandes carnívoros vivieran menos, 30 años como máximo.

ANILLOS DE CRECIMIENTO

Cuando los huesos crecen, se añade material nuevo en su exterior. En climas estacionales se produce a diferentes velocidades, lo que crea capas más gruesas y otras más finas. Los anillos anuales de crecimiento que se forman permiten saber la edad del animal al morir.

Esta sección transversal de un hueso de dinosaurio muestra sus anillos de crecimiento.

EL ANIMAL TERRESTRE MÁS VIEJO FUE UNA **TORTUGA GIGANTE DE ALDABRA** QUE MURIÓ EN 2006, CON UNOS 255 AÑOS.

LOS **ÁRBOLES** PUEDEN SER MUY LONGEVOS. ALGUNOS PINOS TIENEN MÁS DE 5000 AÑOS.

¡Ojo al dato!

ÚLTIMA COMIDA

Hace 110 millones de años, un dinosaurio blindado conocido como *Borealopelta* comía plantas en la actual Alberta, Canadá. En 2011, un minero descubrió sus restos, incluido el contenido del estómago. **Se vio que había comido 24 tipos de plantas, especialmente helechos. Algunas hojas tenían rastros de carbón, lo que sugiere que habían crecido tras un incendio forestal.**

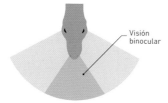

PIEDRAS EN EL ESTÓMAGO

Algunos dinosaurios herbívoros se tragaban piedras para que su estómago pudiera moler mejor los alimentos para convertirlos en una pasta digerible. Los cocodrilos y algunas aves actuales hacen lo mismo. **Al final las piedras acaban quedando lisas y pulidas, y por eso se pueden identificar entre los fósiles.**

SUPER SENTIDOS

Estos dinosaurios tenían algunos de los mejores sentidos **del mundo prehistórico.**

Visión binocular

▲ Ojazos

El *Tyrannosaurus* tenía unos ojos enormes, del tamaño de una naranja. Estaban orientados hacia delante, lo que le daba una **visión binocular excelente** para calcular sus ataques. También podía ver con mucho detalle, lo que le permitía captar a sus presas incluso a 6 km de distancia.

▲ Mejor oído

El *Shuvuuia*, un dinosaurio en forma de ave, tenía un **oído y una vista tan buenos** que podía cazar en la más absoluta oscuridad, como los búhos. Al analizar la anatomía de su cráneo, los científicos descubrieron que la estructura de su oído era mucho mayor que en otros dinosaurios.

▲ Superolfato

Los terópodos, como el *Velociraptor* y el *Tyrannosaurus*, tenían un **agudo sentido del olfato.** Algunas pruebas hechas con cráneos de *Tyrannosaurus* muestran que su bulbo olfatorio, la parte que identifica los olores, estaba muy desarrollado en relación con el tamaño de su cerebro.

MUCHOS HERBÍVOROS REPARTÍAN EL PESO EN LAS CUATRO EXTREMIDADES. TENÍAN UNOS MIEMBROS DELANTEROS Y HUESOS DE LOS HOMBROS FUERTES, CON MÚSCULOS ENORMES.

LA MAYORÍA DE LOS DINOSAURIOS GRANDES SE PROTEGÍAN CON ESCAMAS DE DURA QUERATINA.

A CRECER

Igual que los humanos, algunos dinosaurios aprendían a caminar en cuatro patas **antes de hacerlo** en dos patas **al crecer**. Con solo **450 g de peso** al nacer, es probable que el *Mussaurus* caminara en cuatro patas al salir del cascarón y no lo hiciera en dos patas hasta que la cola era lo bastante grande como para poder mantener el equilibrio.

VAYA ALTURA

▲ Postura erguida

Como las aves, los dinosaurios tenían las patas bajo el cuerpo, lo que ayudaba a soportar su peso. Con esta postura erguida, también podían correr más rápido y durante más tiempo que los reptiles actuales.

▲ Postura ancha

Las extremidades de algunos reptiles, como los lagartos, salen lateralmente. Con el vientre a menudo **tocando el suelo**, no se mueven de manera eficiente y las extremidades no soportan su peso.

▲ Postura erguida al caminar

Al contrario que los lagartos, los cocodrilos pueden levantar el cuerpo del suelo y quedar un poco más erguidos. Usan esta postura para caminar y moverse rápido.

DINOSAURIOS ENFERMOS

Los dinosaurios no eran inmunes **a algunas de las** enfermedades que nos afectan hoy.

▶ Mocos

En 2022, se encontraron indicios de un **dinosaurio con un resfriado**. El joven saurópodo Dolly tenía una infección respiratoria que le había provocado un crecimiento óseo anormal en varios huesos del cuello. Es posible que la infección le provocara **estornudos, fiebre y ataques de tos**.

▶ Dolor de muelas

Roer plantas y arrancar carne correosa pasa factura a los dientes de cualquier animal, incluidos los de los dinosaurios. Algunos científicos creen que es posible que Sue, el esqueleto de **Tyrannosaurus** más completo descubierto, hubiera sufrido un intenso **dolor de muelas**, ya que tenía tres dientes con aspecto raro.

▶ Artritis

Hace unos 70 millones de años, un dinosaurio herbívoro con pico de pato sufría un **dolor intenso en el brazo**. Se ha descubierto que tenía **artritis séptica**, una enfermedad que aparece cuando se infecta alguna lesión.

MUCHOS TERÓPODOS PEQUEÑOS ESTABAN CUBIERTOS DE PLUMAS PARA CONSERVAR EL CALOR; ALGUNOS INCLUSO PODÍAN VOLAR.

NO SE SABE MUCHO SOBRE EL TRASERO DE LOS DINOSAURIOS, PERO SE CREE QUE ERA COMO EL DE LOS COCODRILOS, CON UNA ABERTURA O CLOACA.

Criaturas curiosas

En los 550 millones de años que hace que existen animales en la Tierra, la evolución ha creado una enorme variedad de criaturas extrañas. Muchas de las que vivieron en el pasado lejano eran muy distintas a los animales que viven hoy con nosotros.

Este animal, *Hallucigenia*, fue uno de los primeros en evolucionar en los mares cámbricos hace más de 500 millones de años y fue uno de los más peculiares. Tiene unos fósiles tan extraños que, al principio, los científicos pensaron que sus espinas eran sus patas.

¿DE QUÉ TAMAÑO ERAN LOS
INSECTOS?

Durante el periodo carbonífero, hace más de 300 millones de años, grandes bosques cubrían la tierra firme. Los niveles de oxígeno eran más elevados que en la actualidad, y se cree que este es uno de los motivos por los que aparecieron los insectos prehistóricos de enorme tamaño. Estos antiguos artrópodos tenían duros esqueletos externos y patas articuladas, como era el caso de la *Arthropleura*.

La *Arthropleura* tenía el tamaño de un **coche pequeño**.

EXPLOSIÓN CÁMBRICA

El principio del periodo cámbrico, hace 541 millones de años, marcó un punto de inflexión en la evolución de la vida. Se crearon muchas nuevas formas de vida, entre ellas, animales con partes duras, como caparazones. Evolucionaron criaturas extrañas, como la extravagante *Hallucigenia*, con forma de gusano. Los fósiles de esta criatura indican que medía unos 5 cm de largo y tenía minúsculos dientes como agujas que recubrían su boca y su garganta.

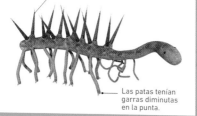

La *Hallucigenia* tenía diversas filas de picos finos en el espinazo.

Las patas tenían garras diminutas en la punta.

La *Arthropleura* fue el artrópodo más grande que ha existido. Sus fósiles indican que medía unos 55 cm de ancho, hasta 2.6 m de largo y pesaba unos 50 kg. Como los milpiés actuales, al crecer iba mudando su duro esqueleto exterior. A pesar de su aspecto intimidante, la *Arthropleura* era herbívora.

ALGUNOS FÓSILES DE *ARTHROPLEURA* TIENEN INDICIOS DE **RESTOS VEGETALES** EN EL INTESTINO.

50

LAS HUELLAS MUESTRAN QUE LAS **PATAS** DE LA *ARTHROPLEURA* ESTABAN SEPARADAS UNOS 50 CM.

Su cuerpo constaba de 30 segmentos articulados y cubiertos por duras placas.

DATOS CURIOSOS

Los trilobites fueron unos artrópodos marinos antiguos, el mayor de ellos, el *Isotelus rex* («rey de los trilobites»), tenía una longitud de hasta 70 cm, más o menos como un paraguas. Proliferaron por los océanos durante más de 270 millones de años.

Isotelus rex

La *Arthropleura* usaba sus antenas para sentir y notar su recorrido por el cenagoso suelo de la jungla.

Cada segmento tenía dos pares de patas, lo que hace un total de 120.

LOS **INSECTOS** FUERON LOS PRIMEROS ANIMALES QUE VOLARON.

HOY EN DÍA HAY UNOS **1400 MILLONES DE INSECTOS** POR CADA PERSONA QUE VIVE EN LA TIERRA.

CAZADOR AÉREO

En la misma época en que el milpiés *Arthropleura* se paseaba por tierra firme, los insectos gigantes volaban por el aire, como los meganisópteros, parientes de las libélulas que cazaban otros insectos. Los fósiles de uno de estos, la *Meganeura*, indican que tenía una envergadura de unos 70 cm, más de cuatro veces la de la libélula actual más grande.

La *Meganeura* cazaba insectos en el aire con sus patas de picos.

¿QUÉ TAMAÑO TENÍA UN
ESCORPIÓN MARINO?

Los escorpiones marinos no son escorpiones reales, sino un grupo extinto de artrópodos prehistóricos conocidos como euriptéridos. El escorpión marino más grande que se conoce fue el *Jaekelopterus*, que era más grande que un humano adulto. El *Jaekelopterus* vivió hace más de 400 millones de años en los lagos y ríos de América del Norte. Era el predador superior de su entorno: sus presas eran los trilobites y los peces, e incluso quizá otros escorpiones marinos.

Las pinzas servían para atrapar y destrozar a sus presas.

Usaba los cuatro pare[s] de patas para caminar por el lecho marino.

DATOS CURIOSOS

El primer fósil de euriptérido, el *Eurypterus remipes*, se descubrió en 1818 en Nueva York, Estados Unidos. Al principio se creía que era un siluro, hasta que en 1825 se identificó como un escorpión marino prehistórico. Es el fósil oficial del estado de Nueva York.

Fósil de *Eurypterus remipes*

NO TODOS LOS ESCORPIONES MARINOS ERAN GRANDES: ALGUNOS ERAN SOLO DEL TAMAÑO DE TU MANO.

ESTOS ESCORPIONES DESAPARECIERON HACE UNOS 250 MILLONES DE AÑOS CON LA EXTINCIÓN MASIVA DEL PÉRMICO.

INDICIO DEL TAMAÑO

En el año 2007 los paleontólogos describieron una gigantesca pinza de *Jaekelopterus* hallada en Alemania. Medía 46 cm de largo. Con ello, los científicos pudieron calcular la longitud del cuerpo del escorpión marino: medía, como mínimo, medio metro más de lo que se había calculado antes. Es muy probable que alcanzara este gran tamaño a causa de la ausencia de predadores, salvo otros grandes euriptéridos. Los más grandes actuales solo miden unos 20 cm de largo.

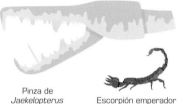

Pinza de
Jaekelopterus

Escorpión emperador

Con una longitud de hasta 2.6 m, era imposible huir de esta colosal criatura. Era un cazador activo con una espléndida visión para detectar presas de movimientos rápidos; es probable que emboscara a sus víctimas. Usaba las afiladas pinzas (los quelíceros) para cortar a sus presas en trozos más pequeños y comestibles.

La punta plana de la cola no tenía veneno como el aguijón del escorpión moderno. Quizá la usaba a modo de timón.

El duro caparazón exterior, o exoesqueleto, estaba segmentado.

El *Jaekelopterus* fue el escorpión marino **más grande**.

Estas grandes patas en forma de remo servían para impulsarse por el agua, y también las podía usar para arrastrarse por tierra firme.

EL **CANGREJO CACEROLA** ACTUAL SE EMPARENTA MÁS CON UN EURIPTÉRIDO QUE CON UN CANGREJO.

EL DESCUBRIMIENTO DE ALGUNOS **RASTROS DE EURIPTÉRIDOS** INDICA QUE QUIZÁ SE HABRÍAN AVENTURADO TAMBIÉN POR TIERRA FIRME.

¿CUÁL FUE LA MAYOR
AVE NO
VOLADORA?

Con una altura de 1.3 m, el pingüino emperador es el pingüino vivo más alto y pesado.

Los científicos creen que el ave no voladora prehistórica más grande y pesada fue el *Vorombe*. Esta gran ave formaba parte de un grupo extinto de aves no voladoras conocidas como aves elefante que vivían en la isla de Madagascar junto con todo tipo de animales extraños, como lémures gigantes, hipopótamos pigmeos y tortugas gigantes. La última ave elefante se extinguió hace unos 1000 años.

El *Vorombe* era alto como tres pingüinos emperador uno sobre otro, y pesaba unos sorprendentes 730 kg. Los huesos se describieron por primera vez en 1894, pero los científicos creían que eran de un ave elefante diferente, el *Aepyornis*. No fue hasta 2018 que se reconoció el *Vorombe titan* como una nueva especie.

AVES DEL TERROR

Otro grupo de grandes aves no voladoras eran los fororrácidos, conocidos como «aves del terror». Al contrario que las aves elefante, eran carnívoras. Tenían un cráneo gigantesco y un gran pico de garfio con el que cortaban carne. Algunos tipos, como el *Titanis* y el *Phorusrhacos*, eran predadores superiores que perseguían a sus presas. Algunas aves del terror alcanzaban una velocidad de 50 km/h.

Sus alas cortas no le servían para volar.

Titanis

ALGUNOS PINGÜINOS PREHISTÓRICOS, COMO EL *PALAEEUDYPTES*, ERAN MÁS ALTOS QUE UN HUMANO ADULTO.

SE HAN ENCONTRADO HUEVOS DE AVES ELEFANTE EN BARRO CERCA DE RÍOS, EN MEDIO DE DESIERTOS Y EN BOSQUES FRONDOSOS.

El *Vorombe* usaba su gran pico para alimentarse de fruta, raíces y arbustos.

Con una altura de 3 m, el *Vorombe* fue el ave no voladora **más grande**.

Las diminutas alas estaban cubiertas por una gran capa de gruesas plumas.

Unas patas gruesas soportaban el pesado cuerpo del *Vorombe*.

DATOS CURIOSOS

Una de las aves voladoras más grandes fue el *Argentavis*, una especie de buitre. Hace unos 7 millones de años que volaba sobre las praderas de Argentina. Tenía una envergadura de unos 6 m, el doble que la mayor ave actual: el albatros viajero.

El *Argentavis* tenía un afilado pico de gancho para despedazar a sus presas.

Las seriemas se cree que son las únicos descendientes de las aves del terror. En Sudamérica, algunos granjeros las crían entre las gallinas para que ahuyenten a los predadores con sus estridentes chillidos.

El avestruz es el ave más grande del mundo y, como las aves descienden de los dinosaurios, también es el mayor dinosaurio vivo.

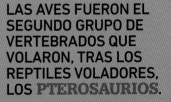

LAS AVES FUERON EL SEGUNDO GRUPO DE VERTEBRADOS QUE VOLARON, TRAS LOS REPTILES VOLADORES, LOS PTEROSAURIOS.

MUCHAS DE LAS AVES QUE EVOLUCIONARON EN EL PALEÓGENO, COMO LOS PINGÜINOS Y LOS CORMORANES, SIGUEN VIVAS EN LA ACTUALIDAD.

Este gigante prehistórico es un pariente de los patos y gansos actuales.

GIGANTES AUSTRALIANOS

Hasta la última edad de hielo, en los bosques de Australia vivían aves no voladoras gigantescas. Un ejemplar macho adulto de *Dromornis* podía alcanzar casi los 3 m de altura y pesar unos 580 kg. Tenía un gran pico que empleaba para recoger y romper fruta y semillas de cáscara dura, pero también podía comer carroña, además de cualquier pequeña presa que pudiera atrapar. Los machos también podían utilizar su pico para luchar entre ellos o echar a otros animales de su territorio.

¿CUÁL FUE EL MAYOR
REPTIL VOLADOR?

Los pterosaurios fueron los primeros reptiles que conquistaron el cielo. Los miembros más grandes de este espectacular grupo pertenecieron a una familia de pterosaurios cretácicos conocidos como azdárquidos, que incluía a los reptiles voladores más grandes de todos los tiempos. Con la misma altura que una jirafa, el pterosaurio *Quetzalcoatlus* es un firme candidato al animal volador más grande que jamás haya existido. Algunos pterosaurios gigantes podían ser más grandes, como el *Arambourgiania* y el *Hatzegopteryx*, pero se han hallado muchos menos restos completos de estos animales, así que no es posible confirmarlo.

El largo hueso del cuarto dedo formaba el borde delantero del ala.

La cresta quizá era de colores vivos.

Su cuerpo estaba cubierto de unos finos filamentos vellosos conocidos como picnofibras.

Las alas eran de tejido blando.

El *Quetzalcoatlus* fue uno de los **mayores** reptiles voladores.

Con una envergadura de 11 m, las alas del *Quetzalcoatlus* eran más grandes que las de la mayoría de los aviones pequeños. A pesar de su monstruoso tamaño, tan solo pesaba unos 250 kg, aproximadamente cinco veces menos que una jirafa adulta. Podía despegar y surcar los cielos gracias a sus ligeros huesos huecos.

EL *QUETZALCOATLUS* DEBE SU NOMBRE AL DIOS AZTECA EN FORMA DE SERPIENTE EMPLUMADA **QUETZALCÓATL.**

LOS CIENTÍFICOS CALCULAN QUE EL *QUETZALCOATLUS* PODÍA ALCANZAR LOS **90 KM/H.**

PREDADOR TERRESTRE

El *Quetzalcoatlus* podía pasar mucho tiempo cazando en el suelo para alimentarse de una gran variedad de animales, incluidos pequeños dinosaurios. Caminaba con manos y pies, con las alas plegadas en los lados. Puede que usara su gran pico afilado como una cigüeña para atrapar presas antes de tragárselas enteras.

El afilado pico sin dientes media unos 2.5 m de largo.

Las presas pequeñas eran objetivos fáciles.

Quetzalcoatlus

El biplaza **Tiger Moth** tiene una envergadura de 8.9 m.

DATOS CURIOSOS

Si hablamos del animal terrestre vivo más grande, el récord mundial es para la jirafa. Con una altura de 6 m, sobresale por encima de los árboles de la sabana africana para comer lo que los otros animales no alcanzan.

EL *QUETZALCOATLUS* PODÍA LLEGAR A VOLAR HASTA 16 000 KM DE UN JALÓN.

LAS **VÉRTEBRAS DEL CUELLO** DEL *QUETZALCOATLUS* RECUERDAN UN OSO DE PELUCHE.

Pteranodon significa «alado sin dientes».

ALTOS VUELOS

Los primeros pterosaurios no eran más grandes que los cuervos, pero en el cretácico superior surcaban los cielos unos animales inmensos, como el *Pteranodon*. Tenían una envergadura de hasta 6.5 m y un largo pico puntiagudo y sin dientes con el que atrapaban peces. Tanto los machos como las hembras tenían una cresta ósea en la cabeza; las de los machos adultos eran las más grandes. El *Pteranodon* vivió en Norteamérica y cazaba en las orillas de un mar interior que entonces dividía el continente por su parte central.

¿CUÁL FUE EL MAYOR
REPTIL ACUÁTICO?

Aunque algunos parecían delfines, los ictiosaurios fueron un grupo de reptiles acuáticos que aparecieron en los océanos del Triásico. También fueron los primeros animales marinos que alcanzaron tamaños realmente gigantescos. Con una longitud de 21 m, el *Shonisaurus sikanniensis* es el reptil acuático más grande que se conoce. Se desenterró un esqueleto parcial a finales de la década de 1990 en la Columbia Británica, Canadá. Sus restos fosilizados incluyen un gigantesco cráneo y una gran porción del cuerpo.

Los elefantes africanos alcanzan una longitud de hasta 7 m.

El largo hocico estaba lleno de grandes dientes, ideales para atrapar presas escurridizas.

Las aletas funcionaban como timones, ayudando al ictiosaurio a moverse en el agua.

20 LOS **ICTIOSAURIOS** APARECIERON UNOS 20 MILLONES DE AÑOS ANTES QUE LOS DINOSAURIOS.

COMO LOS DELFINES Y LAS BALLENAS, LOS ICTIOSAURIOS TENÍAN QUE **SUBIR A LA SUPERFICIE PARA RESPIRAR.**

Con la longitud de tres elefantes africanos adultos, y tan solo un poco más pequeño que la ballena azul, el animal más grande que ha existido, el *Shonisaurus sikanniensis*, fue todo un gigante de su época. Surcaba los océanos del mundo en busca de presas para alimentar su enorme cuerpo. Era un cazador esbelto e iba armado con un largo hocico perfecto para atrapar peces, calamares y otros grandes reptiles marinos.

La gigantesca aleta caudal se movía de lado a lado para propulsar al *Shonisaurus* por el agua.

DATOS CURIOSOS

Se han hallado más de 100 ictiosaurios con embriones en su interior. La mayoría se hallaron en un yacimiento fósil del Jurásico en Alemania, como este increíble fósil de una hembra de *Stenopterygius* pariendo su cría, que ya tiene la cola fuera.

Cría

Stenopterygius

El *Shonisaurus sikanniensis* fue el reptil acuático **más grande**.

NUEVO DESCUBRIMIENTO

En el año 2018, un equipo de paleontólogos estudió los restos de una gran mandíbula hallada en Inglaterra. Analizando este hueso y otros encontrados a principios del siglo XIX, llegaron a la conclusión de que pertenecían a un ictiosaurio gigante que podría haber superado los 30 m de largo. Hay que hallar más fósiles completos para confirmar su enorme tamaño.

La mandíbula inferior tenía una longitud de 1 m.

LOS PRIMEROS *SHONISAURUS* SE DESCUBRIERON EN NEVADA, ESTADOS UNIDOS, EN LA DÉCADA DE 1920.

LOS PRIMEROS ICTIOSAURIOS MEDÍAN MENOS DE 1 M DE LARGO, LA MITAD QUE UN HUMANO ADULTO.

¿CUÁL FUE LA CRIATURA MARINA DE
CUELLO MÁS LARGO?

Los plesiosaurios eran reptiles marinos que pasaban la vida entera en su mundo acuático, incluso parían a sus crías en el mar. Con una longitud total de 12 m, casi tanto como un autobús, el *Albertonectes* fue uno de los plesiosaurios más largos que jamás han existido. Surcaba los mares de lo que ahora es Norteamérica hace unos 70 millones de años, buscando calamares y otros animales marinos que llevarse a la boca.

Tenía la cola mucho más corta que el cuello, y el registro fósil indica que este reptil marino también podía tener una aleta caudal.

Las aletas se movían arriba y abajo como si fueran alas para propulsarse por el agua.

ROMPECABEZAS TRIÁSICO

Desde su descubrimiento en la década de 1850, los paleontólogos intentan conocer la identidad y el modo de vida del *Tanystropheus*, un reptil triásico de cuello largo. Podía haber vivido tanto en tierra firme como en el mar, donde habría comido peces y calamares.

Su cuello medía unos 3 m.

Pese a que jamás se ha encontrado un cráneo suyo, el *Albertonectes* parece que tenía unos afilados dientes curvos, parecidos a los de otros plesiosaurios, ideales para atrapar presas escurridizas. Su cuello, muy largo, tenía una longitud de unos 7 m, casi dos tercios del cuerpo entero. En total, el cuello estaba compuesto por 76 huesos, todo un récord. Para comparar, los humanos tan solo tenemos 7 huesos en el cuello.

SE ENCONTRARON MARCAS DE MORDISCOS Y DIENTES SUELTOS DE **TIBURÓN** EN UN ESQUELETO DE *ALBERTONECTES*.

LOS GASTROLITOS TRAGADOS POR EL *ALBERTONECTES* PESAN HASTA 1 KG.

DATOS CURIOSOS

Hasta ahora solo se ha hallado un esqueleto de *Albertonectes*, y muestra que se había tragado gastrolitos, unas piedras que ayudaban en el proceso de digestión moliendo la comida en el estómago.

Se encontraron 97 guijarros en el área del estómago.

Los pliosaurios, parientes de los plesiosaurios, tenían el cuello corto y enormes mandíbulas llenas de grandes dientes afilados. Estos feroces predadores cazaban grandes criaturas marinas, incluidos los plesiosaurios.

El pliosaurio de cuello corto *Liopleurodon* llegaba a medir hasta 8 m de largo.

El estudio de los huesos del cuello indica que el cuello del *Albertonectes* no era más flexible que el de un saurópodo.

El *Albertonectes* es la criatura marina de **cuello más largo** que se conoce.

Afilados dientes puntiagudos

78

UN **PLESIOSAURIO FÓSIL** DE 78 MILLONES DE AÑOS DESCUBIERTO EN KANSAS, EE. UU., TENÍA UN EMBRIÓN EN SU INTERIOR.

LAS **ALETAS** TENÍAN CINCO HUESOS DE DEDOS Y SE PARECÍAN A LAS DE LAS BALLENAS ACTUALES.

El *Plesiosaurus* **fue el primer** reptil marino de cuello largo que se descubrió.

TESORO OCULTO

La coleccionista de fósiles inglesa Mary Anning (1799-1847) descubrió algunas de las mayores criaturas marinas prehistóricas que se conocen. A los cinco años ayudaba a su padre a desenterrar fósiles para venderlos y conseguir dinero para la familia. Él fue quien le enseñó a detectar fósiles en la playa y a limpiarlos. Anning descubrió este fabuloso esqueleto de un *Plesiosaurus* de 200 millones de años de antigüedad en 1823. El *Plesiosaurus* vivía en los mares poco profundos de lo que ahora es Europa durante el periodo jurásico.

El *Pliosaurus* tenía el mordisco **más potente** de todos los reptiles marinos.

Las mandíbulas se abrían tanto que podía tragar animales del tamaño de un sumergible.

Con unas filas de diente afilados y puntiagudos, sus fuertes mandíbulas se cerraban sobre su presa como una trampa

¿QUÉ REPTIL MARINO
MORDÍA MÁS FUERTE?

Los reptiles marinos más grandes eran unos cazadores formidables, con unas mandíbulas muy poderosas y unos dientes que les convertían en los equivalentes oceánicos de dinosaurios asesinos como el *Tyrannosaurus*. Uno de los más letales era el *Pliosaurus*, un gigante jurásico con unas mandíbulas inmensamente largas que cazaba peces grandes y otros reptiles marinos. Tenía unos dientes en forma de picos afilados, como los de un cocodrilo, adaptados para cazar presas escurridizas y atraparlas a pesar de sus intentos de escapar.

EL *PLIOSAURUS* PESABA HASTA 20 TONELADAS, EL DOBLE QUE UN ELEFANTE AFRICANO GRANDE.

10 SE TARDÓ 10 AÑOS PARA MONTAR UN *PLIOSAURUS* QUE EN 1994 SE DESCUBRIÓ EN INGLATERRA.

on la capacidad de crecer más de 10 m, el
liosaurus fue uno de los mayores predadores
arinos. Sus temibles mandíbulas podían
rapar presas con una fuerza que casi
adruplicaba la del cocodrilo actual.
cluso habría destrozado víctimas
ás grandes, pero como sus dientes
 estaban adaptados para cortar,
 más probable es que se tragara
teras sus presas.

El cuerpo del reptil era
esbelto y alargado para
moverse a toda velocidad
por el agua.

Dos pares de aletas impulsaban
al *Pliosaurus* en el agua, aunque
probablemente las traseras solo
las usaba para acelerar al
perseguir presas.

HALLAZGOS FÓSILES

En el año 2008, se excavaron los fósiles
de un enorme *Pliosaurus* en rocas del
Jurásico superior de la isla de Spitsbergen,
en el Ártico. El ciclo constante de congelación
y descongelación de las rocas durante
145 millones de años había destrozado los
fósiles en unos 20000 fragmentos.

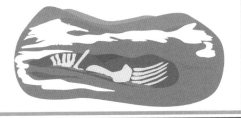

DATOS CURIOSOS

Los *Pliosaurus* eran parientes de
los plesiosaurios, que tenían la cabeza
pequeña y el cuello muy largo. Debían
de ser unas presas fáciles para los
pliosaurios más fuertes.

El *Kimmerosaurus*,
un plesiosaurio, medía
unos 6 m de largo.

Los pliosaurios se extinguieron hace unos
90 millones de años, y los mosasaurios
ocuparon su lugar como predadores
marinos superiores. Estos nadadores
veloces cazaron y sobrevivieron hasta el
final de la era de los dinosaurios.

El *Mosasaurus*, de 15 m de
longitud, era un feroz predador.

EL CIENTÍFICO RICHARD
OWEN DESCRIBIÓ EN
1841 LOS PRIMEROS
FÓSILES DE *PLIOSAURUS*
QUE SE ENCONTRARON.

30

LOS DIENTES DEL
PLIOSAURUS MEDÍAN
HASTA 30 CM DE
LARGO, INCLUYENDO
LAS RAÍCES.

¿CUÁL FUE LA MAYOR SERPIENTE
PREHISTÓRICA?

Los primeros fósiles de *Titanoboa* se descubrieron en 2004 y todos sus restos, incluidos los huesos de la columna vertebral, las costillas y el cráneo, se hallaron en una mina de carbón del norte de Colombia. Fue todo un gigante de su época: llegó a tener una longitud de 14 m, más que un autobús escolar. Atiborrarse de tortugas gigantes y cocodrilos era cosa fácil para esta enorme serpiente, ya que contaba con unas mandíbulas flexibles que le permitían tragarse enteras a sus presas.

La parte más gruesa del cuerpo de la *Titanoboa* medía, como mínimo, 1 m de ancho: le costaría entrar por la puerta de tu casa.

La *Titanoboa* fue la serpiente **más grande** que jamás ha existido.

¿CÓMO COMÍA?

Todas las grandes serpientes del mundo viven en climas cálidos cerca del ecuador. Los científicos creen que el gran tamaño de la *Titanoboa* demuestra que el clima tenía que ser mucho más cálido que el actual. La *Titanoboa* vivió en las ciénagas y selvas tropicales de Sudamérica, un hábitat parecido al de la selva tropical amazónica.

Ecuador

Selva tropical amazónica

Como indica su nombre, la *Titanoboa* es la serpiente más grande y pesada que ha habitado en nuestro planeta; medía casi el doble que una de las serpientes más grandes de la actualidad, la anaconda común, y pesaba más de una tonelada, el peso de un coche familiar pequeño.

LAS SERPIENTES FÓSILES MÁS ANTIGUAS TIENEN UNOS 170 MILLONES DE AÑOS Y SON DEL PERIODO JURÁSICO.

20

VARIAS EXPEDICIONES EN EL YACIMIENTO FÓSIL DE COLOMBIA HAN DESENTERRADO MÁS DE 20 *TITANOBOA*

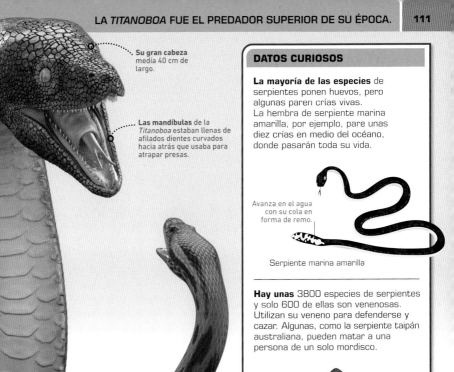

Su gran cabeza medía 40 cm de largo.

Las mandíbulas de la *Titanoboa* estaban llenas de afilados dientes curvados hacia atrás que usaba para atrapar presas.

DATOS CURIOSOS

La mayoría de las especies de serpientes ponen huevos, pero algunas paren crías vivas. La hembra de serpiente marina amarilla, por ejemplo, pare unas diez crías en medio del océano, donde pasarán toda su vida.

Avanza en el agua con su cola en forma de remo.

Serpiente marina amarilla

Hay unas 3800 especies de serpientes y solo 600 de ellas son venenosas. Utilizan su veneno para defenderse y cazar. Algunas, como la serpiente taipán australiana, pueden matar a una persona de un solo mordisco.

A la serpiente taipán le basta un mordisco venenoso para matar a 100 personas.

Serpiente taipán

El cuerpo tiene un diámetro de unos 30 cm

La anaconda común mide unos 9 m de largo.

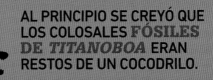

AL PRINCIPIO SE CREYÓ QUE LOS COLOSALES FÓSILES DE *TITANOBOA* ERAN RESTOS DE UN COCODRILO.

ABRAZO LETAL

Como las grandes serpientes actuales, la *Titanoboa* podía matar a un cocodrilo u otra presa parecida enroscándose a su alrededor y estrujándolo más con cada respiración. En poco tiempo el animal moría ahogado. La *Titanoboa*, a continuación, abría la boca por completo para engullirlo, ayudándose de sus afilados dientes para hacer avanzar al animal y tragarlo entero. La digestión era muy larga, y por eso quizá pasaban semanas antes de que la *Titanoboa* tuviera que cazar de nuevo.

Apostada en el agua o bien en la orilla, **cazaba presas** como cocodrilos y grandes peces.

¿CÓMO ERAN LAS
MANDÍBULAS
DEL MEGALODÓN?

Con 20 m de longitud, cuatro veces más largo que un tiburón blanco, el *Otodus* fue el tiburón más grande que jamás ha existido. Este animal también es conocido por el nombre de su especie, megalodón, y surcaba los mares hace unos 20 millones de años haciendo añicos a sus presas con sus enormes mandíbulas. Se han hallado cientos de dientes de megalodón por todo el mundo. Estos extraordinarios fósiles ayudan a hacerse una idea del aspecto real que podían tener estos predadores alfa.

En comparación con las mandíbulas de un tiburón blanco, el tiburón actual más letal, las del megalodón eran gigantescas. Tenían un diámetro de al menos 3 m y contaban con 276 dientes alineados, ideales para cortar la carne de cualquier presa que cazara. Su mordisco era cinco veces más fuerte que el del *Tyrannosaurus*, y era el más potente de todos los animales, vivos o extintos.

DATOS CURIOSOS

Se hallaron fósiles de dientes de 28 bebés de megalodón en Panamá. Los 400 dientes pertenecían a crías de tiburón de entre 2 y 10.5 m de longitud, y se cree que eran de una zona de cría de tiburones, donde las familias de megalodones se agrupaban para protegerse.

El fósil de cría de tiburón más grande es cinco veces más grande que un humano.

Cría de megalodón

Sus enormes mandíbulas estaban llenas de filas de dientes afilados que se iban sustituyendo cada 7-14 días.

NO SE HA HALLADO UN FÓSIL COMPLETO DE MEGALODÓN. EL TAMAÑO DE SU **MANDÍBULA** SE CALCULA A PARTIR DEL DE LOS DIENTES.

EL **DIENTE DE MEGALODÓN** MÁS GRANDE ENCONTRADO MIDE 19 CM DE LARGO.

MEGAMISTERIO

El megalodón desapareció hace unos 3.5 millones de años, pero no se sabe por qué. Quizá lo mató un periodo de enfriamiento global: le gustaban las aguas más cálidas, y cuando el planeta se enfrió tal vez no quedó suficiente comida para el megalodón. Otros predadores, como el tiburón blanco, que vivía en esa misma época, seguramente compitieron con el megalodón por la comida, lo que también podría haberlo empujado a extinguirse.

Tiburón blanco

Los dientes triangulares y serrados más grandes tenían un tamaño parecido al de la mano de un humano adulto.

Sus dientes se parecían a los del tiburón blanco.

Su boca era tan grande que se podría haber tragado entero un coche familiar.

Un diente de tiburón blanco mide 5 cm de largo.

Mandíbula del megalodón

Mandíbula de tiburón blanco

LAS **MANDÍBULAS DEL TIBURÓN** NO ESTÁN MUY PEGADAS AL CRÁNEO. ESO LE PERMITE ABRIRLAS MÁS PARA ARRANCAR TROZOS GRANDES DE SU PRESA.

POR SU TAMAÑO, EL MEGALODÓN TENÍA QUE COMER UNOS **1130 KG** DE CARNE TODOS LOS DÍAS.

DOMINIO RÁPIDO

Como su pariente vivo, el tiburón blanco, el megalodón era el predador marino más poderoso de su época. Pero era mucho más grande, por lo que no debía tener problema para comerse cualquier animal con el que se cruzara, incluidos estos cachalotes gigantes. Igual que el tiburón blanco, nadaba muy rápido y cazaba con facilidad a sus aterrorizadas presas. Cualquier defensa era en vano cuando se lanzaba al ataque, ya que troceaba a sus víctimas y les provocaba lesiones tan terribles que el animal moría casi al instante.

El megalodón **cazaba** por los océanos cálidos y templados de todo el mundo.

MARSUPIALES

Como muchos de los primeros mamíferos, el *Thylacinus* era un marsupial, un mamífero con bolsa, como los koalas y canguros. La mayoría de los marsupiales de la edad de hielo se extinguieron hace unos 30 000 años, pero el *Thylacinus* sobrevivió hasta principios del siglo XX.

El *Thylacinus* tenía sus típicas rayas a lo largo de la espalda y la cola.

Thylacinus

¿CÓMO ERA LA VIDA EN LA EDAD DE HIELO?

La última edad de hielo, que duró desde hace 110 000 años hasta hace 12 000, fue una época en que muchos grandes mamíferos deambulaban por el mundo. El mamut lanudo vivía en las praderas frías que rodeaban el Ártico, junto con bisontes y caballos salvajes. Más al sur, los felinos de dientes de sable cazaban otros herbívoros gigantes, y en Sudamérica y Australia proliferaban los marsupiales de gran tamaño.

Glyptodon

Del tamaño de un coche pequeño, el *Glyptodon* era un pariente acorazado de los armadillos modernos y vivió en las llanuras verdes de Sudamérica hasta hace unos 12 000 años. Dependía de su duro caparazón de hueso como principal método de defensa contra sus predadores, como los felinos de dientes de sable.

Diprotodon

Con una altura de casi 2.1 m, el wómbat gigante *Diprotodon* era del tamaño de un rinoceronte. Tenía unos enormes dientes frontales, que utilizaba para arrancar las hojas de arbustos y árboles de los bosques de Australia.

El *Diprotodon* es el marsupial más grande que ha existido.

Las placas de hueso tenían un grosor de unos 2.5 cm.

 UN GRANJERO DE TASMANIA MATÓ AL ÚLTIMO *THYLACINUS* SALVAJE EN 1930.

 EL CAPARAZÓN DEL *GLYPTODON* ERAN TAN GRANDE QUE EN LA EDAD DE HIELO SE USABA COMO REFUGIO.

Los colmillos del mamut llegaban a los 4 m de longitud y sus puntas se curvaban hacia dentro.

Mamut lanudo

Los mamuts, parientes cercanos del elefante asiático actual, tenían gigantescos colmillos curvos y unos grandes dientes planos adaptados para masticar hierbas duras. El más famoso de todos, el mamut lanudo, vivió hace 200 000-4000 años muy al norte del planeta, donde su abundante pelaje le permitía superar los fríos inviernos.

El grueso pelo del mamut lanudo podía llegar a medir 1 m de largo.

El *Smilodon* tal vez tenía manchas como el leopardo.

Smilodon

El felino de dientes de sable *Smilodon* vivió en América del Norte y del Sur. Tenía unos dientes caninos muy largos que usaba para matar grandes animales, como camellos, bisontes y perezosos gigantes.

EL **MAMUT LANUDO** SOBREVIVIÓ EN LA ISLA DE WRANGEL, EN EL ÁRTICO RUSO, HASTA HACE UNOS 4000 AÑOS.

SE HAN HALLADO MILES DE FÓSILES DE *SMILODON* EN UN YACIMIENTO DE CALIFORNIA, ESTADOS UNIDOS.

Animales asombrosos

DE RÉCORD

▼ Megapredador

Con una longitud máxima de 70 cm, el **Anomalocaris** vivió hace unos 500 millones de años y fue el predador más grande de su época. Usaba sus costados planos como aletas para nadar por el océano, y atrapaba a las presas con sus largas piezas bucales curvas.

Las piezas bucales estaban repletas de picos letales.

Con su gran boca y potentes mandíbulas, los animales pequeños e incluso los dinosaurios jóvenes tenían que ser presas fáciles.

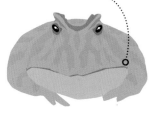

▲ Rana XXL

También conocida como «rana diablo», la **Beelzebufo** es, seguramente, una de las ranas más grandes que han existido. Vivía en la isla de Madagascar en el Cretácico superior y era del tamaño de una pelota de playa. Su mordisco era letal, con una fuerza como la de un lobo.

▼ Rompehuesos

El mayor mamífero terrestre carnívoro fue una especie de lobo conocido como **Andrewsarchus**. Medía unos 4 m de largo y vivía en las llanuras de Mongolia hace unos 40 millones de años. Con sus dientes, capaces de romper huesos, destrozaba a sus presas.

Tenía unas mandíbulas armadas con dientes delante para cortar carne y muelas detrás capaces de romper huesos.

PRIMOS COLOSALES

Estas **criaturas prehistóricas** son parientes de algunos **animales actuales** que puedes ver hoy, **solo que mucho más grandes.**

Procoptodon

Este canguro chato que desapareció hace unos **30 000 años** era el triple de grande que el mayor canguro. Dado su gran tamaño, es probable que el **Procoptodon** caminara en lugar de saltar.

Gigantopithecus

Este **simio gigantesco** medía unos 3 m de altura. Vivió en los bosques del sur de la actual China hasta hace **100 000 años**. Su pariente vivo más cercano es el orangután, el mayor mamífero que habita en los árboles.

LOS **GATOS DE DIENTES DE SABLE** TENÍAN UNOS LARGOS DIENTES CANINOS DE HASTA 18 CM.

EL REGISTRO FÓSIL SUGIERE QUE LOS PUEBLOS DE ASIA CENTRAL DOMARON A LOS **CABALLOS** HACE 4000 AÑOS.

¿SABÍAS QUE...?

Uno de los **mamíferos** más antiguos que se conoce se parecía a una musaraña y vivió hace 225 millones de años. El *Brasilodon* medía 12 cm de largo y puede que cazara insectos.

Brasilodon

El primer caballo apareció hace unos 54 millones de años. No era más grande que un zorro, vivía en los bosques y se alimentaba de plantas y hojas. Tenía los dedos separados en lugar de una única pezuña.

Caballo moderno

Caballo primigenio

Los primeros **camellos** vivieron en Norteamérica y no tenían jorobas; solo hace 5 millones de años que desarrollaron su reserva de grasa. Algunos, como el *Protylopus*, no eran más grandes que un gato, y otros eran del tamaño de un caballo.

Protylopus   Dromedario actual

ATLETAS
ANIMALES

Supernadador

Los mosasaurios fueron reptiles marinos que vivieron en el Cretácico. Con sus fuertes aletas y su cuerpo esbelto, estaban muy bien adaptados para nadar. Los científicos calculan que los mosasaurios llegaban a alcanzar una velocidad máxima de unos **48 km/h**.

0   48 km/h

Corredor veloz

El felino de dientes de sable *Smilodon* era del tamaño de un león y vivió en la última edad de hielo. Cazaba cualquier animal que se le cruzara, incluidos venados, camellos o caballos. Aunque es probable que acechara a sus presas, también podía lanzar pequeños esprints a **48 km/h**.

0   48 km/h

Volador veloz

El *Pelagornis*, una de las aves voladoras más grandes, tenía una envergadura del tamaño de un autobús escolar. A través de un modelo informático los científicos pudieron calcular que debía de surcar los cielos a unos **64 km/h**.

0   64 km/h

Archelon

Esta **tortuga marina** era grande como un coche. Tenía el caparazón exterior coriáceo, como la tortuga laúd actual. Vivió hace unos **75 millones de años**, y con sus grandes aletas se movía por el agua.

Machimosaurus

Con sus enormes mandíbulas este **cocodrilo marino** podía romper el caparazón de una tortuga. Medía hasta 7 m, y fue el cocodrilo más grande. Vivió por los mares hace unos **120 millones de años**.

Arctotherium

Con 3 m de altura, el *Arctotherium* fue el oso más grande que ha existido. Vivió hace **2 millones de años** en Sudamérica. Sus potentes mandíbulas podían romper huesos e incluso llegó a enfrentarse a los felinos de dientes de sable.

EL *BEELZEBUFO* MORDÍA CON TANTA FUERZA QUE PODRÍA ROMPER EL DEDO DE UNA PERSONA.

SE HA DESCUBIERTO UN ÚNICO FÓSIL DE *ANDREWSARCHUS*: UN CRÁNEO GIGANTE DE 83 CM.

Fósiles fantásticos

La mayoría de los animales y las plantas que han existido ya se han extinguido, y nadie ha podido verlos vivos. Pero se han hallado muchos fósiles que a menudo conservan detalles increíbles y nos abren una ventana a un mundo que ha desaparecido.

Esta losa de piedra caliza está llena de fósiles de amonites, unos parientes con caparazón de los pulpos y los calamares que cazaban en los mares prehistóricos. Desaparecieron con la extinción global que se produjo hace 66 millones de años y que también destruyó a los dinosaurios gigantes.

¿CÓMO SE FORMAN
LOS FÓSILES?

Buena parte de lo que sabemos sobre los dinosaurios se ha deducido a partir de los fósiles, que son restos de sus cuerpos que quedaron enterrados durante millones de años. En este largo tiempo, los minerales sustituyen el tejido vivo y lo convierten en piedra. Esto, no obstante, solo puede ocurrir si antes el cuerpo no se descompone; por eso, la mayoría de los fósiles son de dientes y huesos, que tienen la dureza suficiente para evitar descomponerse. Muy pocas veces se fosilizan los tejidos blandos, como la piel y las plumas, y nos permiten imaginar el aspecto que esos animales tenían en vida.

El proceso que crea un fósil suele tener lugar bajo el agua, y por ello los fósiles de animales terrestres son menos frecuentes que los de criaturas marinas. Para sobrevivir en forma de un fósil, un animal terrestre como un dinosaurio tenía que morir en un lugar en el que quedara enterrado rápidamente y donde el agua pudiera filtrarse en sus restos y convertirlos en piedra.

Se han descompuesto las partes blandas del cuerpo y solo quedan los dientes y los huesos.

El dinosaurio muerto se hunde en el barro blando, donde queda a salvo de los carroñeros.

Muere el dinosaurio
Los carroñeros devoran rápidamente la mayoría de los animales muertos y dejan limpios los huesos. Pero este dinosaurio ha caído al río, así que su cuerpo queda oculto, enterrado en el barro. La falta de oxígeno frena la descomposición y aumenta las probabilidades de fosilización.

Se acumulan los sedimentos
La arena y el barro del agua se acumulan en el lecho del río y cubren el cuerpo del dinosaurio con más capas de sedimento. El peso comprime el barro que contiene el esqueleto hasta convertirlo en dura roca sedimentaria.

LA PALABRA **FÓSIL** VIENE DEL VOCABLO LATINO *FOSSILIS*, QUE SIGNIFICA «EXCAVADO».

EN 1824, SE DIO EL NOMBRE DE *MEGALOSAURUS* A LOS FÓSILES DE UN DINOSAURIO. FUE EL PRIMERO QUE TUVO **NOMBRE CIENTÍFICO**.

DATOS CURIOSOS

En el Monumento Nacional del Dinosaurio en Utah, Estados Unidos, hay más de 1500 huesos fósiles de dinosaurio que la arenisca conserva desde hace 150 millones de años.

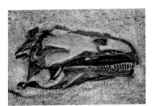

Fósil de cráneo de dinosaurio

El 98% de la Antártida está cubierta hoy de hielo, pero en el continente se han hallado cinco tipos de dinosaurios, entre ellos el gran cazador *Cryolophosaurus*.

Cryolophosaurus

Los mejores fósiles se hallan en rocas de grano muy fino, pues conservan los detalles más pequeños. Las primeras plumas fósiles se hallaron en la piedra caliza jurásica de Solnhofen, en el sur de Alemania.

Fósil conservado en piedra caliza

El río hace tiempo que se ha secado, y la tierra que queda encima sufre una glaciación.

La tierra ahora es un desierto, un hábitat muy diferente al del dinosaurio muerto.

Los científicos dibujan y fotografían el fósil expuesto antes de retirar cualquier trozo.

Fosilización
A medida que el barro que rodea el esqueleto se convierte en roca, los minerales disueltos en el agua subterránea se van filtrando en los huesos, hasta que acaban sustituyendo el tejido muerto, conservando su forma. Algunos fósiles incluso llegan a conservar características microscópicas.

Descubrimiento
Millones de años después, la erosión de la roca hace aparecer los restos fósiles. Por suerte, se descubren antes de que la erosión los destruya. Los científicos se ponen a trabajar, excavando los huesos con mucho cuidado y registrando su posición antes de llevárselos para estudiarlos mejor.

LOS HUESOS DE LOS ANIMALES GRANDES ES MÁS PROBABLE QUE SOBREVIVAN COMO FÓSILES QUE LOS DE LOS PEQUEÑOS.

ALGUNOS ANIMALES EXTINTOS SOLO SE CONOCEN POR LOS FÓSILES DE SUS DIENTES.

¿QUÉ TIPOS DE
FÓSILES EXISTEN?

Los fósiles típicos son huesos, dientes o caparazones que se han convertido en piedra, pero existen otros tipos de fósiles. Algunos consisten en una impresión de un detalle en lugar de su forma completa. Otros, como los restos de comida, aportan información sobre cómo vivieron estos animales. Algunos pocos, como los insectos en ámbar, conservan la criatura entera e igual que cuando vivía.

Esta huella en barro que se ha convertido en piedra es de un dinosaurio terópodo con tres dedos.

Los minerales depositados se endurecen hasta convertirse en piedra.

Aunque el cuerpo esté completo, no es probable que conserve sustancias, como el ADN.

Molde natural
Los minerales disueltos en agua se pueden acumular en el interior de un objeto hueco, como por ejemplo un caparazón, y hacer un molde de su forma interior. Así es como se formó este fósil de amonites, un pariente de los calamares con caparazón.

Conserva en ámbar
Esta mosca, atrapada en pegajosa resina de árbol hace millones de años, se ha conservado porque, con el paso del tiempo, la resina se ha endurecido hasta llegar a esta forma pétrea conocida como ámbar. Han quedado intactos todos los elementos del insecto, incluso sus delicadas alas.

Rastros fósiles
A veces las únicas señales de la existencia de algún animal son los rastros que dejó, como las huellas. Eso sí, pueden ser muy útiles porque ayudan a los científicos a deducir cómo se desplazaban los animales e incluso cómo vivían juntos.

SE CONSIDERAN FÓSILES LOS RESTOS DE CUALQUIER SER VIVO QUE TENGAN MÁS DE **10 000 AÑOS** DE ANTIGÜEDAD.

EL SABIO DE LA ANTIGUA GRECIA **ARISTÓTELES** ADVIRTIÓ QUE LOS FÓSILES ERAN RESTOS DE **SERES VIVOS**.

DATOS CURIOSOS

Las plantas se fosilizan igual que los animales. El tronco de los árboles puede convertirse en piedra en un proceso de petrificación. En algunos lugares se han conservado bosques petrificados enteros, con los árboles en el mismo lugar donde cayeron.

Aún se ven los anillos de crecimiento.

Se han hallado cuerpos de animales de la edad de hielo, como esta cría de mamut, enterrados en el hielo ártico. Como se congelan por completo en cuestión de días, conservan los tejidos blandos que de otro modo se habrían perdido, incluyendo pelo e incluso la última comida del animal.

Los mamuts tenían una capa de pelo largo para mantener el calor.

El molde de este trilobites muestra bien su forma segmentada.

Este coprolito de Norteamérica tiene más de 70 millones de años.

Salvo el color, se han conservado todos los detalles del grano de polen.

Coprolito

Por más increíble que parezca, incluso las cacas de los animales se pueden fosilizar. Estos rastros fósiles se conocen como coprolitos, y a menudo conservan fragmentos de comida no digerida, que los científicos pueden descomponer para conocer qué comía un dinosaurio.

Molde

Si un animal se hunde en barro blando que después se convierte en roca, es posible que su cuerpo no se conserve, pero puede dejar su forma impresa, su molde. En este tipo de fósiles se suelen conservar los detalles más finos del aspecto del animal.

Conserva en turba

Los restos de plantas saturadas de agua se conservan en forma de turba durante milenios. En estos depósitos de turba hay diminutos granos de polen que se pueden identificar con un microscopio y que muestran a los científicos cuáles eran las plantas que crecían en aquella época.

LOS MICROFÓSILES SON UNOS FÓSILES DIMINUTOS QUE SOLO SE PUEDEN VER CON UN MICROSCOPIO.

LOS ANTIGUOS CHINOS CREÍAN QUE LOS FÓSILES ERAN HUESOS DE DRAGONES.

Este yacimiento conserva la línea de huellas de dinosaurio **más** larga, de 347 m.

RASTRO DE DINOSAURIOS

Esta roca en Sudamérica tiene miles de pisadas de dinosaurios que caminaron por el barro a orillas de un lago hace 68 millones de años. Con el tiempo, el barro se convirtió en piedra y los movimientos de tierra que crearon la cordillera de los Andes movieron la roca hasta convertirla en una pared casi vertical de 100 m de altura. La pared forma parte de una cantera de piedra caliza en Cal Orcko, Bolivia, y conserva las pisadas de al menos seis tipos de dinosaurio.

¿CUÁNTO TIEMPO DURA
UNA EXCAVACIÓN?

Excavar un fósil de dinosaurio requiere habilidad, cuidado y mucha paciencia. Antes de retirar cualquier hueso, se debe anotar su posición exacta, pues esto da información valiosa sobre la anatomía del animal o la causa de su muerte. Es cuando los excavadores retiran con cuidado los fósiles, los refuerzan si es necesario, y los preparan para enviarlos a un laboratorio, donde se limpian e identifican. Los huesos frágiles deben tratarse a menudo para evitar que se acaben destruyendo. Finalmente, algunos de ellos se usarán para fabricar un esqueleto de réplica para exponer en un museo.

LA CIENCIA DE LOS DINOSAURIOS

Cada fósil que se encuentra puede contener información que desmienta alguna teoría anterior. Por ejemplo, al descubrirse los primeros fósiles del herbívoro *Iguanodon*, se supuso que un hueso puntiagudo que se halló formaba parte del hocico del dinosaurio, como el cuerno de un rinoceronte. Las pruebas posteriores, en cambio, indicaron que formaba parte del pulgar del animal.

Excavar un gran fósil es un proceso lento que puede durar varios meses e incluso años.

Es probable que el *Iguanodon* usara su robusto pulgar puntiagudo para defenderse.

Muchos fósiles se descubren por azar tras quedar expuestos al erosionarse la roca o por la actividad humana, por ejemplo en una cantera. Pero cuando se sabe de un yacimiento, los expertos estudian el lugar en busca de otros fósiles conservados en las mismas condiciones. Así se han descubierto muchos fósiles en yacimientos como el de los Acantilados Llameantes del desierto de Gobi, en Mongolia.

COMO LOS FÓSILES DE HUESOS SON VALIOSOS Y A MENUDO FRÁGILES, LA MAYORÍA DE LOS ESQUELETOS DE LOS MUSEOS SON RÉPLICAS.

POCOS ESQUELETOS SE DESCUBREN INTACTOS. LA MAYORÍA SON UNA REVOLTURA DE HUESOS QUE SOLO UN EXPERTO PUEDE MONTAR.

En el desierto de Gobi, la erosión de rocas de 75 millones de años de antigüedad ha revelado fósiles de *Oviraptor*, un dinosaurio con forma de ave, y sus huevos.

Los huevos del *Oviraptor* eran largos y estrechos.

DATOS CURIOSOS

Aunque la mayoría de los fósiles son de piedra, también pueden ser frágiles. Antes de llevarlos al laboratorio, se protegen con una cubierta de papel y yeso húmedo, una especie de adhesivo reversible.

El adhesivo reversible se parece al yeso que usan los médicos para curar huesos rotos.

El yacimiento de fósiles de Zhucheng en China es el mayor yacimiento de fósiles de dinosaurio descubierto. Se han hallado más de 7600 huesos de dinosaurio, como los del *Sinoceratops*, un pariente asiático del *Triceratops*.

Sinoceratops

Hace más de 70 millones de años que estos dinosaurios están luchando.

En 1971, en el desierto de Gobi se halló uno de los fósiles de dinosaurio más curiosos que jamás se ha encontrado: el esqueleto de un *Velociraptor* con una garra de la pata de un *Protoceratops* clavada en la garganta. Los dos debieron de morir en la lucha y quedaron enterrados.

HAY FÓSILES DE MUCHO TAMAÑOS: DESDE GIGANTESCOS DINOSAURIOS HASTA BACTERIAS CASI MICROSCÓPICAS.

ALGUNOS FÓSILES SON DIFÍCILES DE IDENTIFICAR Y PUEDEN PASAR AÑOS EN UN MUSEO HASTA SABERSE A QUÉ ANIMAL CORRESPONDEN.

En la edad
de hielo, se
hacían chozas
con **huesos y**
colmillos de
mamut.

HUESOS DE MAMUT

Algunos de los mejores
yacimientos de fósiles son
lugares que atraían una
gran cantidad de animales.
Aquí se excavan los restos
de un mamut descubierto
en un lecho de roca que
había sido una charca en
una profunda dolina de
Dakota del Sur, Estados
Unidos. En la última edad
de hielo el agua atraía a
animales como osos, lobos
o mamuts. Una vez dentro
no podían escapar, morían
y quedaban enterrados en
el barro, que se acabó
convirtiendo en roca.

ESTUDIO DE LA CACA

Algunos científicos estudian cacas fosilizadas para obtener información sobre lo que los animales prehistóricos comían, y sobre su comportamiento. Los coprolitos también dan datos sobre las plantas y los árboles que proliferaban en el pasado.

Colección de coprolitos

¿DE QUÉ TAMAÑO ERAN
LAS CACAS DE DINOSAURIO?

Las cacas de dinosaurio eran de muchas formas tamaños, y se han encontrado también fosilizadas en todos los continentes. Se llaman coprolitos.
La más grande del mundo es enorme: mide 67.5 de longitud. Se descubrió en Dakota del Sur, Estad Unidos, y fue obra de un gran carnívoro, seguramer un *Tyrannosaurus rex*, cuyos huesos se han halla en las mismas capas de roca. Este coprolito se cor como Barnum, en honor de Barnum Brown, el prim que descubrió los restos de un *Tyrannosaurus rex*

LOS PALEONTÓLOGOS HAN DESCUBIERTO YACIMIENTOS DE FÓSILES QUE PARECE QUE FUERAN **LETRINAS**, TODOS LOS ANIMALES IBAN AL MISMO SITIO A HACER CACA.

WILLIAM BUCKLAND FUE QUIEN ACUÑÓ EL TÉRMINO «COPROLIT PARA LA CACA FÓSIL TENÍA UNA MESA HEC DE **COPROLITOS**.

DATOS CURIOSOS

En 1829, el científico William Buckland acuñó el término «coprolito» a partir de los hallazgos de la paleontóloga Mary Anning, que había dado con unos bultos de aspecto raro cerca del fósil de un ictiosaurio en la costa sur de Inglaterra. Al examinarlos, descubrió que contenían espinas de peces. ¡Anning había descubierto la caca fosilizada!

Mary Anning

En 2021, se descubrió una nueva especie de escarabajo en una caca fosilizada de 230 millones de años de antigüedad. Se cree que era de un *Silesaurus opolensis*, uno de los primeros antepasados de los dinosaurios. Era un pequeño cazador muy ágil que debía de alimentarse de plantas y animales.

El *Silesaurus* medía unos 2 m de largo.

Los coprolitos como este pueden ser de distintos colores, según cómo se formaran como fósiles y dónde se encontraran. A veces es posible deducir quién dejó el coprolito: el alto contenido de hueso y su tamaño sugieren que el responsable de este coprolito de hace 66 millones de años es un *Tyrannosaurus rex*.

La **mayor** caca fosilizada de dinosaurio es larga como siete rollos de papel higiénico.

SE HAN DESCUBIERTO UNAS INUSUALES **TRAZAS DE PIPÍ FOSILIZADO** DE DINOSAURIO EN BRASIL Y ESTADOS UNIDOS.

LOS **ESCARABAJOS PELOTEROS** YA EXISTÍAN EN LA ERA DE LOS DINOSAURIOS, Y HACÍAN LO MISMO QUE HOY EN DÍA.

DATOS CURIOSOS

En 2015, unos científicos que estudiaban un fósil de pterosaurio hallaron un coprolito aún en el interior del cuerpo. Contiene lo que probablemente sean los restos de calamares atrapados en el mar.

Algunos coprolitos son tan grandes que dentro han conservado huesos enteros. Algunos de estos huesos incluso tienen la marcas de los mordiscos del cazador al devorar la presa.

Hueso

Los científicos analizan los coprolitos cortándolos en láminas para examinarlos al microscopio. Así pueden identificar todo tipo de elementos diminutos, como polen de plantas, esporas de hongos o componentes más grandes, como semillas, restos de insectos, caparazones y trozos de hueso.

Se han descubierto coprolitos con restos de cestodos y sus huevos, lo que demuestra que algunos dinosaurios tenían gusanos parásitos que vivían en sus intestinos y se daban festines con lo que comían.

Algún material vegetal es tan difícil de digerir que pasa por el interior del animal y sale apenas sin alterar, lo que nos ayuda a ver exactamente qué tipos de plantas comían los dinosaurios.

LA CACA SE DESCOMPONE MUY DEPRISA. TIENE QUE QUEDAR ENTERRADA EN UN LUGAR SELLADO PARA QUE PUEDA FOSILIZARSE.

SE HAN ENCONTRADO VENTOSAS DE CALAMAR EN LOS COPROLITOS DE ANTIGUOS REPTILES MARINOS.

¿QUÉ PUEDE HABER EN UNA
CACA DE DINOSAURIO?

Podemos deducir qué comían los dinosaurios estudiando sus dientes, pero los fragmentos de comida de los coprolitos, la caca fosilizada, nos pueden decir mucho más. Algunos coprolitos son de dinosaurios que se alimentaban de plantas o insectos, mientras que otros son los restos de grandes animales. Algunos incluso contienen parásitos que vivían en el interior de los dinosaurios. Sin embargo, como nunca hemos encontrado un dinosaurio fosilizado haciendo caca, ¡es difícil saber de qué dinosaurio es cada una!

Las partes duras del cuerpo de algunos insectos, como los escarabajos, se han conservado prácticamente intactas en algunos coprolitos, lo que ofrece a los científicos una información muy valiosa sobre la vida de los insectos antiguos.

Los fragmentos de hueso hallados en un gran coprolito indican que la caca probablemente es de un gran cazador como el *Tyrannosaurus*.

PEDOS FOSILIZADOS

La resina de árbol fosilizada, o ámbar, puede contener insectos enteros que quedaron atrapados en la pegajosa resina que salía de los árboles hace millones de años. ¡Algunos de estos desafortunados insectos se han conservado tirándose un pedo! Tras quedar atrapados, liberaron el gas del interior de sus diminutos cuerpos, que formó burbujas en la resina que se endureció a su alrededor.

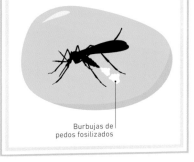

Burbujas de pedos fosilizados

EL **FOSFATO** ES UN COMPONENTE PRINCIPAL DE LOS HUESOS. LOS COPROLITOS QUE LO CONTIENEN SON CACAS DE CARNÍVOROS.

EN EL PASADO LOS COPROLITOS SE MOLÍAN Y SE USABAN COMO **ABONO**.

DATOS CURIOSOS

En 2022, en el lecho de un río seco en Texas, Estados Unidos, se descubrieron unas pisadas fósiles de 113 millones de años de antigüedad, que indican que un *Acrocanthosaurus*, pariente del *Tyrannosaurus*, perseguía a un colosal *Sauroposeidon*.

Huella del pie de tres dedos del *Acrocanthosaurus*

Un humano adulto entero cabría en la huella de dinosaurio más grande.

SE HAN ENCONTRADO PISADAS DE DINOSAURIO FOSILIZADAS POR TODO EL MUNDO, INCLUSO EN LA **ANTÁRTIDA**.

EL *BRACHIOSAUR* UN HERBÍVORO, T UNA **ZANCADA** 1.8 M DE LARGO.

¿CUÁL ES LA HUELLA
DE DINOSAURIO
MÁS GRANDE?

Además de los huesos fosilizados, algunos dinosaurios dejaron pisadas o rastros fósiles. Estas magníficas huellas dan una imagen de su estilo de vida. Muchas pisadas juntas y unas encima de las otras, por ejemplo, indican que algunos dinosaurios se desplazaban en grupo. Los conjuntos de huellas también muestran que protegían a las crías manteniéndolas en medio del grupo. Las pisadas muy separadas indican la velocidad a la que corrían, y las que van más juntas demuestran cómo caminaban.

PISADAS DELATORAS

Cada grupo de dinosaurios tenía su propia pisada, y por eso los paleontólogos pueden identificar al autor de las pisadas mirando su forma, el número de dedos y el espacio entre las huellas.

Los saurópodos eran los pesos pesados del mundo de los dinosaurios. Dejaban pisadas grandes, redondas y profundas con las patas traseras, y más pequeñas con las delanteras.

Los terópodos eran ágiles cazadores. Tenían unas finas garras de tres dedos con un patrón en forma de V muy concreto.

Las pisadas de ornitópodos demuestran que no tenían uñas. Tenían los dedos redondos y más separados que los de los terópodos.

Los anquilosaurios dejaban pisadas profundas, que muestran que tenían tres o cuatro dedos en las patas traseras y cinco en las delanteras.

Los ceratopsios tenían cuatro dedos en las patas traseras y cinco en las delanteras. Dejaban unas huellas más redondas que las de los anquilosaurios.

En 2017, en un yacimiento de Australia occidental, se descubrieron miles de pisadas de dinosaurios pertenecientes a un total de 21 ejemplares distintos. Una de ellas tenía una longitud increíble: medía 1.7 m. Se cree que es la más grande que jamás se ha encontrado. La huella pertenece a la pata trasera de un saurópodo gigante de unos 5 m de altura.

45 EN 2021, EN ESPAÑA, SE HALLARON LAS **PISADAS** DE UN TERÓPODO QUE CORRÍA A UNOS 45 KM/H.

CON MAREA BAJA, EN LA PUNTA DE GANTHEAUME, EN AUSTRALIA, PUEDEN VERSE **PISADAS DE DINOSAURIO**.

DATOS CURIOSOS

Los primeros dinosaurios debían comer una gran variedad de alimentos y dieron paso a predadores más especializados, como el carnívoro *Herrerasaurus* y a herbívoros como el *Thecodontosaurus*.

Thecodontosaurus

Es probable que la larga cola del *Nyasasaurus* fuera la mitad del cuerpo

¿CUÁL ES EL FÓSIL DE
DINOSAURIO
MÁS ANTIGUO?

Cada año nuevos descubrimientos cambian lo que sabemos de los dinosaurios, desde cuándo vivieron hasta qué aspecto tenían. Antes se creía que los dinosaurios habían aparecido hace 230 millones de años, pero un descubrimiento de 2012 atrasó entre 10 y 15 millones de años esa fecha. Los primeros dinosaurios probablemente eran pequeños predadores que caminaban en dos patas y solo usaban las manos para agarrar. En aquel momento no había muchos animales así en el planeta. No fue hasta hace unos 201 millones de años, al principio del periodo jurásico, cuando los dinosaurios empezaron a proliferar.

EL TEJIDO ÓSEO DEL *NYASASAURUS* INDICA QUE CRECÍA RÁPIDAMENTE, LO QUE FUE CRUCIAL PARA LOS PRIMEROS DINOSAURIOS.

EL FÓSIL DE 230 MILLONES DE AÑOS DEL PEQUEÑO *MBIRESAURUS* MUESTRA QUE FUE UN **PARIENTE TEMPRANO** DE LOS SAURÓPODOS GIGANTES.

Vértebras

Descubierto en Tanzania en la década de 1930, conocemos la existencia del *Nyasasaurus* por un hueso del brazo y solo seis vértebras. Los huesos estuvieron guardados más de medio siglo en un almacén del Museo de Historia Natural de Londres hasta que se volvieron a investigar en 2012. Con 243 millones de años de edad, el *Nyasasaurus* se considera el fósil de dinosaurio más antiguo encontrado.

ARCHOSAURS

En el Triásico inferior, hace unos 240 millones de años, los arcosaurios, unos reptiles parecidos a los cocodrilos, dominaban la vida en la Tierra. Este diverso grupo de animales incluía el fuerte *Postosuchus*, el predador superior de su época. Otros, como el *Marasuchus*, eran animales pequeños, esbeltos y ágiles. Los dinosaurios, pterosaurios y cocodrilos evolucionaron a partir de los arcosaurios, y comparten características que hacen que los científicos tengan problemas para diferenciarlos.

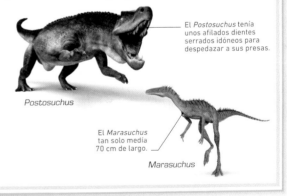

El *Postosuchus* tenía unos afilados dientes serrados idóneos para despedazar a sus presas.

Postosuchus

El *Marasuchus* tan solo medía 70 cm de largo.

Marasuchus

El análisis de este hueso del brazo ha demostrado que las fibras de hueso eran parecidas a las de los dinosaurios más antiguos conocidos.

LOS **FÓSILES HUMANOS MÁS ANTIGUOS** SE HAN HALLADO EN SUDÁFRICA, EN UN YACIMIENTO QUE SE CONOCE COMO LA CUNA DE LA HUMANIDAD.

400

EL FÓSIL DEL ***RHYNIOGNATHA***, DE HACE 400 MILLONES DE AÑOS, ES EL MÁS ANTIGUO DE UN INSECTO.

¿SE HA ENCONTRADO ALGÚN FÓSIL DE
DINOSAURIO COMPLETO?

El *Tyrannosaurus rex* es uno de los dinosaurios más reconocibles, y no hay ningún ejemplar más famoso que Sue. Descubierta en 1990 en un rancho de Dakota del Sur, Estados Unidos, se hallaron casi todos sus huesos y sirvieron para demostrar el gigantesco tamaño de estos feroces predadores.

El cráneo pesa 272 kg, demasiado para colocarlo en la parte superior del esqueleto. Por ello, se conserva aparte y en su lugar se utiliza una réplica.

Con unos 12 m de largo y 4 m de alto, Sue es el esqueleto de *Tyrannosaurus rex* más grande descubierto. El personal del museo estudió el esqueleto y observó que Sue había participado en feroces batallas: tenía indicios de costillas rotas, una lesión en el omóplato, e incluso algunos agujeros en la mandíbula inferior.

67 SUE ESTUVO UNOS 67 MILLONES DE AÑOS **ENTERRADA** BAJO ROCAS ARCILLOSAS QUE LA PROTEGIERON.

12 PERSONAS TRABAJARON UNAS **50 000 HORAS** PARA EXPONER A SUE A EN EL MUSEO.

DATOS CURIOSOS

A pesar de su nombre, los científicos no tienen claro si el dinosaurio era macho o hembra. Debe su nombre a Sue Hendrickson, la paleontóloga que encontró los huesos del *T. rex*, que sobresalían de la pared de un acantilado.

Un *Triceratops* que murió en el Cretácico superior fue descubierto en Montana, Estados Unidos, en 2014. Los paleontólogos excavaron más de 260 huesos, es decir el 85% del esqueleto. Bautizado como Horridus, es uno de los fósiles de *Triceratops* más completos.

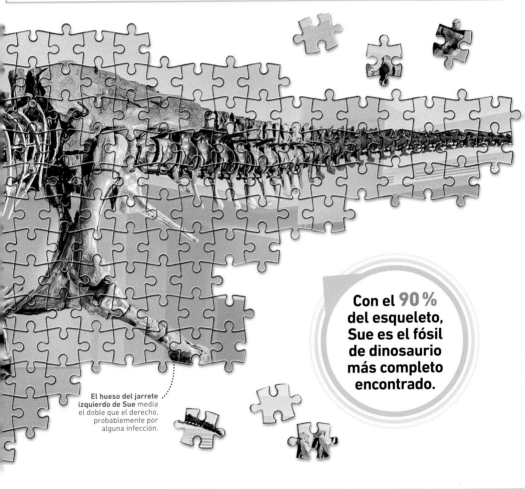

Con el **90%** del esqueleto, Sue es el fósil de dinosaurio más completo encontrado.

El hueso del jarrete izquierdo de Sue medía el doble que el derecho, probablemente por alguna infección.

28 LOS CIENTÍFICOS CALCULAN QUE SUE MURIÓ A LOS **28 AÑOS** DE EDAD.

SE HAN HALLADO MÁS DE 50 EJEMPLARES DE *T. REX* EN EL OESTE DE ESTADOS UNIDOS.

Hallazgos fósiles

HALLAZGOS NOTABLES

Tiktaalik

Ictiotrápodo

El *Tiktaalik*, conocido como «ictiotrápodo», vivió hace unos 375 millones de años. Mostraba rasgos de pez y de tetrápodo (animal de cuatro patas). Tenía pulmones y branquias, aletas en forma de patas y escamas, y podía nadar o arrastrarse en tierra. Su descubrimiento mostró que los **tetrápodos evolucionaron a partir de los peces**.

Pakicetus

Primera ballena

Los cetáceos, un grupo de mamíferos marinos que incluye a las ballenas y los delfines, no siempre tuvieron el aspecto actual. Los **primeros cetáceos, como el *Pakicetus*, se parecían más a los osos o a los lobos y vivían en tierra firme.** Vivieron en lo que hoy es Pakistán hace más de 50 millones de años.

Caudipteryx

Dinoave

Se han encontrado increíbles fósiles de dinosaurio del periodo cretácico en **Liaoning, China**. Estos fósiles demuestran que, en lugar de escamas, muchos dinosaurios tenían plumas, otra prueba más de que las **aves descienden de los dinosaurios**.

GRANDES YACIMIENTOS

Una de las excavaciones recientes más importantes es **Mission Jurassic**, un tesoro oculto de fósiles de dinosaurios en el norte de Wyoming, Estados Unidos. El yacimiento se abrió en 2019, se espera que dure **20 años** y que descubra más secretos sobre los dinosaurios que vivieron durante el periodo jurásico.

BOSQUE ANTIGUO

Hace unos **160 millones de años,** en el periodo jurásico medio, enormes **bosques de Araucaria** cubrían partes de la Patagonia, Argentina.

Árboles de 100 m de altura dominaban los bosques del área del **Cerro Cuadrado**, hasta que un volcán entró en erupción y enterró la zona entera. Con los años, el bosque se petrificó. Actualmente, el Bosque Petrificado del Cerro Cuadrado es uno de los **ecosistemas forestales mejor conservados** del Jurásico.

EL PRIMER ESQUELETO COMPLETO QUE SE MONTÓ EN UN MUSEO, EN 1868, FUE EL DE UN *HADROSAURUS*.

EL CEMENTERIO DE DINOSAURIOS MÁS GRANDE DEL MUNDO, EN CANADÁ, OCUPA COMO 280 CAMPOS DE FUTBOL.

FÓSILES
VIVIENTES

Algunos animales actuales no han cambiado mucho tras **millones de años** de evolución y nos dan pistas del **aspecto que tenían las criaturas prehistóricas**.

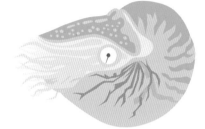

Cangrejo cacerola
Pese a su nombre, estas criaturas **no son cangrejos**, sino **parientes de las arañas**. Llevan viviendo en la Tierra **445 millones de años** sin apenas cambiar.

Celacanto
Los **celacantos** pertenecían a un grupo antiguo de peces que aparecieron por primera vez hace unos 360 millones de años. Los científicos creían que se habían **extinguido hace 66 millones de años**, junto con los dinosaurios, pero en 1938 un pescador capturó un **celacanto vivo**.

Avispas de los higos
Estas **avispas** son el insecto que puede viajar más lejos: unos **160 km** en dos días. Son tan eficientes volando que no han cambiado mucho en **60 millones de años**.

Nautilo
Los **moluscos marinos** como este llevan más tiempo en el planeta que los animales de cuatro patas, los insectos y los árboles. Han estado en el océano, sin apenas cambiar, **500 millones de años**, usando sus tentáculos para cazar.

DUELO DE
DINOSAURIOS

Uno de los fósiles más sorprendentes descubierto en los últimos 20 años es el de un joven *Tyrannosaurus* y un *Triceratops* que probablemente estaban luchando.

Conocidos como el **Duelo de dinosaurios**, el fósil se descubrió en Montana, Estados Unidos, en 2006. Es el fósil más completo de estos dos dinosaurios cretácicos. Contiene los dientes de los dinosaurios, impresiones de la piel e incluso el contenido de sus estómagos.

Se descubrieron en una gran roca de arenisca.

LA COSTA JURÁSICA DEL REINO UNIDO CONTIENE MUCHOS FÓSILES A LO LARGO DE SUS 154 KM.

28

LOS PALEONTÓLOGOS TARDARON 28 AÑOS EN EXCAVAR UN ESQUELETO DE *ELASMOSAURUS* EN LA ANTÁRTIDA.

El mundo de los dinosaurios

Los dinosaurios gigantes vivieron en una época muy distinta a la nuestra. La forma de los continentes era diferente, el clima era más cálido y no existían muchas de las plantas que hoy nos acompañan. Era otro mundo.

En el Jurásico superior, una gran variedad de dinosaurios vivía en tierra firme, desde pequeños cazadores como los *Compsognathus*, que aquí beben agua de un lago, hasta gigantescos herbívoros como los *Brachiosaurus*.

Pangea se extendía de un polo al otro.

Tierra triásica, hace 252-201 MA

Durante el Triásico, el primero de los tres periodos que componen la era mesozoica, todos los continentes que habían existido antes se unieron en una única masa de tierra firme que los científicos conocen como Pangea. Gran parte de la tierra estaba tan lejos del océano que se acabó convirtiendo en desierto, pero cerca del mar había frondosos bosques.

Pangea

Tethys Ocean

Laurasia

Tethys Ocean

Gondwana

El globo terráqueo del Triásico contiene un enorme océano en el lado opuesto a la tierra firme.

El **norte** y el sur se separaron hace unos 150 millones de años.

Tierra jurásica, hace 201-145 MA

Pangea se partió en dos continentes, conocidos como Laurasia y Gondwana. El océano Tetis que los separaba provocó un cambio en el clima y el aire húmedo pudo hacer que la lluvia cubriera más tierra. Por ello, los bosques llegaron a regiones que habían sido desiertos.

Sudamérica y África formaban una única masa de tierra firme.

DATOS CURIOSOS

El Atlántico continúa expandiéndose por la dorsal mesoatlántica y hace que Norteamérica y Eurasia se separen 2.5 cm cada año.

Norteamérica

Eurasia

⟵⟶

Cretácico significa «de caliza», porque en este periodo geológico empezaron a formarse gruesas capas de roca caliza en el fondo de los mares tropicales.

Este asombroso fósil se encontró en un acantilado de caliza de Wyoming, Estados Unidos.

AL HABER SOLO UN GRAN CONTINENTE EN EL TRIÁSICO, LA MAYORÍA DE LOS **ANIMALES** ERAN MUY PARECIDOS.

AL **DIVIDIRSE PANGEA**, LOS DISTINTOS TIPOS DE DINOSAURIOS EVOLUCIONARON POR SEPARADO.

¿CÓMO CAMBIÓ LA TIERRA EN LA ERA
DE LOS DINOSAURIOS?

En la era mesozoica, la edad de los dinosaurios gigantes, el mundo era muy diferente al actual. Con el tiempo, las placas de su corteza rocosa se han ido desplazando y moviendo los continentes. Hacia el periodo triásico, este proceso las había unido hasta formar un gigantesco supercontinente rodeado por un gran océano. En el resto del Mesozoico, la masa de tierra firme se dividió en los continentes que conocemos en la actualidad.

Eurasia

Norteamérica

Sudamérica

África

Tierra cretácica, hace 145-66 MA
Hacia el Cretácico superior, el océano Atlántico se había abierto y separaba Norteamérica y Sudamérica de Europa y África. Los continentes en los que vivimos hoy empezaron a tomar forma, aunque todavía tenían grandes áreas bajo el agua.

La India se separó de África y empezó a desplazarse hacia el norte.

DERIVA CONTINENTAL

En 1910 el científico alemán Alfred Wegener observó que la línea costera oriental de Sudamérica coincidía con la línea costera occidental de África. Lanzó una propuesta: antes habían estado unidas y se habían separado. Nadie le creyó, pero hacia la década de 1960 la nueva ciencia de la tectónica de placas le dio por fin la razón.

Los continentes encajan como un rompecabezas.

LAS CORDILLERAS DE LAS **ROCOSAS** Y LOS ANDES SE FORMARON EN EL CRETÁCICO.

CON EL TIEMPO, ALGUNOS DE LOS CONTINENTES ACTUALES SE ACABARÁN UNIENDO EN **NUEVOS SUPERCONTINENTES**.

¿CÓMO ERA EL
MUNDO
TRIÁSICO?

Durante el periodo triásico casi toda la tierra formaba un gran supercontinente con un hostil desierto en su interior. Las zonas costeras tenían climas más húmedos que permitían la proliferación de plantas como musgos, helechos y coníferas. No había plantas con flores, ni insectos polinizadores como las abejas.

Thecodontosaurus
Este pequeño herbívoro fue uno de los primeros dinosaurios. Era antepasado de los saurópodos gigantes, caminaba en dos patas y era muy veloz.

Liliensternus
Este ágil cazador, un poderoso dinosaurio carnívoro del Triásico, seguramente persiguió herbívoros como el *Plateosaurus*.

Morganucodon
Este animal que se parece a una musaraña, con la que comparte una dieta parecida de insectos y otras presas pequeñas, fue uno de los primeros mamíferos.

Diphydontosaurus
Con solo 10 cm de largo, este pequeño reptil fue un pariente ancestral de la tuátara que todavía vive en Nueva Zelanda.

Plateosaurus
Durante casi todo el Triásico, los herbívoros más grandes fueron los prosaurópodos, como el *Plateosaurus*, que podía medir 10 m de longitud.

Helechos
Los helechos bajos eran el alimento de pequeños herbívoros.

252
LOS **ANIMALES DEL TRIÁSICO** DESCENDÍAN DE LOS SUPERVIVIENTES DE LA EXTINCIÓN MASIVA QUE SE PRODUJO HACE 252 MILLONES DE AÑOS.

LA **DIVERSIDAD DE LA VIDA** TARDÓ EN RECUPERARSE DE LA EXTINCIÓN MASIVA UNOS 10 MILLONES DE AÑOS.

La fauna del Triásico estaba dominada por los reptiles, incluidos algunos de los primeros dinosaurios. También había varios antepasados de los mamíferos, que se extinguieron al poco tiempo. Los pequeños pterosaurios surcaban el cielo, mientras que los primeros mamíferos, todavía más pequeños, se ocultaban por el sotobosque en busca de insectos para comer.

Ginkgo
Los altos ginkgos eran árboles típicos de los bosques triásicos. Una de las especies, el *Ginkgo biloba*, todavía existe hoy.

Eudimorphodon
A diferencia de los terosaurios posteriores, el *Eudimorphodon* tenía cola larga, el cuello corto y unos dientes afilados ales para atrapar peces.

Placerias
Este animal con dos colmillos parecido a un hipopótamo era un peso pesado entre los herbívoros y está relacionado con los ancestros de los mamíferos actuales.

Titanopteran
Con una envergadura de hasta 40 cm, los titanópteros fueron unos de los insectos más grandes que ha habido nunca.

LAS TORTUGAS EVOLUCIONARON EN EL TRIÁSICO Y PROLIFERARON TRAS MORIR LOS DINOSAURIOS.

En el Jurásico, gran parte de la tierra firme estaba cubierta de árboles, especialmente coníferas, ginkgos y cícadas, pero aún no había plantas con flores ni hierba. En la actual China, los saurópodos de cuello largo se alimentaban de las copas de los árboles y sus cazadores hambrientos los acechaban.

Araucarias
Estos árboles coníferos, unos parientes ancestrales del pino araucano moderno, eran habituales durante el Jurásico. Algunos crecieron hasta alturas inmensas para dejar sus duras hojas fuera del alcance incluso de los dinosaurios herbívoros más grandes.

Sinraptor
Este cazador de 8 m de longitud y pariente lejano del temible *Allosaurus* merodeaba por los bosques de China en el Jurásico superior buscando presas para emboscar y despedazar con sus afilados dientes.

Helechos y equisetáceas
Ante la ausencia de hierbas, había una especie de alfombra de plantas sin flor: musgos, helechos y equisetáceas.

Docofossor
Como la mayoría de los primeros mamíferos, el *Docofossor* era minúsculo comparado con un dinosaurio, pues medía solo 9 cm de largo. Estaba especializado en vivir principalmente bajo tierra, como los topos actuales.

Huayangosaurus
Con 4 m de largo, era el estegosaurio más pequeño conocido, pariente del *Stegosaurus*, mucho más grande, pero equipado con una gama similar de picos y placas de defensa.

UNA ESPECIE JURÁSICA DE *ARAUCARIA* PODÍA CRECER HASTA LOS 100 M: ERA MÁS ALTA QUE UN EDIFICIO DE 30 PISOS.

¿CÓMO ERA EL
MUNDO JURÁSICO?

Kunpengopterus
Este pequeño pterosaurio se sostenía en las ramas con los dedos y el pulgar oponible que tiene en medio de las alas. Es el animal con pulgar más antiguo que se conoce.

Mamenchisaurus
Su cuello alcanzaba los 12 m de longitud, lo que le permitía llegar a las partes más altas de los árboles y alimentarse de sus hojas.

El Triásico acabó con una extinción masiva que destruyó la mitad de las especies, incluidos muchos grandes reptiles. Algunos dinosaurios sobrevivieron, y sus descendientes pasaron a dominar la vida en el periodo jurásico. Mientras tanto, Pangea se dividió en dos masas de tierra separadas por un océano, lo que hizo que los climas de tierra firme fueran más húmedos y suaves, permitiendo la proliferación de exuberantes bosques de helechos, alimento de los primeros grandes dinosaurios herbívoros.

Yi qi
Que sepamos, este dinosaurio plumado del tamaño de un cuervo es el único que tenía alas de piel estirada como las de un murciélago. Las desplegaba con los huesos alargados de los dedos.

Sinomacrops
Los ojos extraordinariamente grandes de este pterosaurio miniatura indican que quizá cazaba insectos voladores de noche, como un egotelo moderno (un ave nocturna). Tenía que ser muy ágil durante el vuelo para hacerlo.

Williamsonia
Esta planta en forma de palmera, pariente de las cicadas que copan los climas cálidos actuales, tenía un robusto tallo de madera y hojas parecidas a las de los helechos. Es probable que los dinosaurios se alimentaran de su follaje.

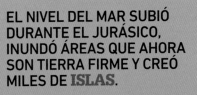

EL NIVEL DEL MAR SUBIÓ DURANTE EL JURÁSICO, INUNDÓ ÁREAS QUE AHORA SON TIERRA FIRME Y CREÓ MILES DE ISLAS.

¿CÓMO ERA EL
MUNDO
CRETÁCICO?

Durante el periodo cretácico, que duró unos 79 millones de años, comenzaron a dividirse los supercontinentes del Jurásico. Empezaron a desarrollarse de manera separada las poblaciones de animales aislados, lo que llevó a la evolución de muchos tipos nuevos de dinosaurios y otros animales. Mientras tanto, aparecieron las plantas con flores, junto con los insectos polinizadores.

Araucaria
Los árboles coníferos como esta *Araucaria* todavía eran habituales, pero ya estaban evolucionando y ganando terreno nuevos tipos de árboles que tenían flores y daban frutos comestibles.

Edmontosaurus
Equipado con un ancho pico afilado para cortar hojas, este gran dinosaurio herbívoro tenía múltiples filas de muelas compactas para moler la vegetación y convertirla en una pulpa fácil de digerir.

Hesperornis
Esta ave marina no voladora se adaptó a cazar bajo el agua, propulsándose con sus potentes patas y atrapando las presas con su pico dentado.

Pteranodon
Con una envergadura máxima de 6.5 m, el *Pteranodon* fue uno de los pterosaurios más espectaculares. Es probable que cazara peces en el mar como un albatros.

Mosasaurus
Con una colosal longitud máxima de 15 m, el *Mosasaurus* fue uno de los reptiles marinos más grandes. Sus enormes mandíbulas lo convirtieron en el predador oceánico más letal del Cretácico superior.

CASI TODOS LOS **GRUPOS DE INSECTOS ACTUALES** YA HABÍAN APARECIDO AL FINAL DEL CRETÁCICO, ENTRE ELLOS LAS MARIPOSAS Y LOS SALTAMONTES.

Metasecuoya
Este árbol, un pariente de las secuoyas gigantes de California, Estados Unidos, pero mucho más bajo, era habitual en el Cretácico.

Norteamérica estaba dividida por un mar poco profundo que cubría lo que ahora son las praderas. En el Cretácico superior, los grandes predadores como el *Albertosaurus* cazaban pesados herbívoros mientras que los espectaculares pterosaurios volaban por el cielo.

Ginkgo
Este grupo de árboles evolucionó 40 millones de años antes de los primeros dinosaurios.

Albertosaurus
El *Albertosaurus*, un pariente cercano del *Tyrannosaurus*, más grande y poderoso, tenía unas mandíbulas enormes y se paseaba por los bosques y las llanuras del actual Canadá occidental en busca de presas fáciles.

Triceratops
Este herbívoro del tamaño de un elefante debe su nombre a sus tres largos cuernos, que usaba para defenderse. Es posible que fuera una presa difícil incluso para un asesino como el *Albertosaurus*.

Plantas con flor
Las magnolias están entre las primeras plantas con flores. Su espectacular floración atraía a los insectos que se alimentaban de polen y que llevaban parte de este a otras magnolias.

Abejas
La evolución del fragante néctar azucarado hizo que las flores fueran incluso más atractivas para los insectos polinizadores, especialmente para las abejas, que hace unos 130 millones de años evolucionaron a partir de las avispas.

Didelphodon
Este marsupial parecido a una zarigüeya de Virginia era uno de los mamíferos más grandes del Cretácico. Por lo que parece, era cazador y carroñero, con unos largos dientes caninos afilados y enormes muelas ideales para romper huesos pequeños.

Struthiomimus
Este terópodo de patas largas, parecido a un avestruz, usaba su pico sin dientes para recoger todo tipo de alimentos, y quizá buscaba comida que el mar dejaba en las playas.

EL **CLIMA** DEL CRETÁCICO ERA PRINCIPALMENTE CÁLIDO; LA TEMPERATURA GLOBAL MEDIA ERA DE UNOS 18°C.

LAS **MAGNOLIAS** DEBEN SU NOMBRE AL BOTÁNICO FRANCÉS PIERRE MAGNOL.

¿QUÉ PASÓ CON LOS
DINOSAURIOS?

La era mesozoica de los dinosaurios gigantes terminó hace unos 66 millones de años en una extinción global que acabó con todos los gigantes, además de muchos otros animales. La fecha coincide con el impacto de un colosal meteorito, probablemente un asteroide, que impactó en México y provocó una explosión gigantesca. El acontecimiento habría arrasado con todo, al instante, en un área vasta, y tuvo consecuencias catastróficas para toda la vida de la Tierra.

El asteroide que cayó en la Tierra medía como mínimo 10 km de ancho, igual que la ciudad de San Francisco en Estados Unidos, y se calcula que viajaba a unos 130 000 km/h. Cuando el impacto lo detuvo en seco, toda la energía de su velocidad se convirtió al instante en calor, lo que vaporizó al asteroide en una explosión unos dos millones de veces más potente que la mayor bomba nuclear detonada.

DESCUBRIMIENTO

En rocas de hace 66 millones de años de antigüedad de todo el mundo se observa una fina capa de arcilla. Su importancia no se entendió hasta 1980, cuando el científico estadounidense Luis Álvarez y su hijo Walter descubrieron que esta arcilla es rica en iridio, un metal raro en la Tierra, pero habitual en los meteoritos. Propusieron que la arcilla cayó tras el impacto de una roca espacial colosal, y que eso fue lo que habría destruido a los dinosaurios gigantes.

Capa de iridio

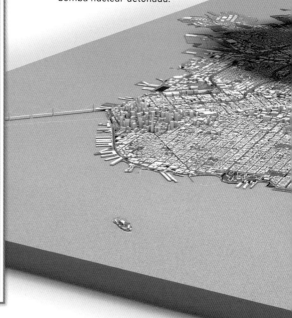

UNAS ENORMES **ERUPCIONES VOLCÁNICAS** EN LA INDIA TAMBIÉN CONTRIBUYERON A LA EXTINCIÓN.

CON MENOS **PLANTAS** TRAS EL IMPACTO, LOS HERBÍVOROS MURIERON DE HAMBRE, CON LO QUE HUBO MENOS COMIDA PARA LOS CARNÍVOROS.

De roca maciza, el asteroide tenía el mismo tamaño y peso que el Everest.

Se calcula que el **75 %** de la **vida animal** quedó aniquilada a las pocas horas del impacto.

A LA VIDA LE LLEVÓ MILLONES DE AÑOS RECUPERARSE DEL EFECTO DEL IMPACTO DEL ASTEROIDE.

POR TODO EL MUNDO SE ENCUENTRAN GOTITAS DE ROCA CREADAS POR LA EXPLOSIÓN, CONOCIDAS COMO ESFÉRULAS.

¡IMPACTO!

El enorme asteroide que acabó con los dinosaurios gigantes impactó en el mar, cerca de la costa norte de la península de Yucatán, en México. La explosión que causó el impacto destruyó toda la vida de la región, y la onda de choque generó unos tsunamis oceánicos que barrieron el globo entero e inundaron las áreas costeras. Billones de toneladas de polvo y vapor de agua llenaron la atmósfera, bloquearon la luz del sol y causaron un cambio climático global. El impacto dejó un cráter de 180 km de ancho, que actualmente se encuentra a más de 1 km de profundidad.

Las **rocas fundidas** que la explosión lanzó al aire causaron incendios en todo el planeta.

DATOS CURIOSOS

La extinción afectó a los marsupiales, los mamíferos con bolsa, especialmente en Norteamérica y Eurasia. Sin embargo, sobrevivieron en Sudamérica, y en Australia acabaron dominando la vida salvaje autóctona.

Koala

Los pterosaurios habían evolucionado hasta convertirse en los animales voladores más espectaculares que han existido, pero la extinción los sentenció y acabaron borrados de la faz de la Tierra.

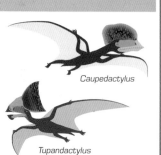

Caupedactylus

Tupandactylus

Este ñandú de Sudamérica se parece a muchos dinosaurios terópodos extintos, pero sus antepasados consiguieron escapar de la catástrofe.

Los mamíferos más grandes que superaron el desastre no eran más grandes que este tejón.

Insectos como la libélula quizá sobrevivieron por ser pequeños y capaces de desplazarse.

Invertebrados
Muchos tipos de invertebrados marinos desaparecieron, como los amonites. Los terrestres, como los insectos, también se llevaron un buen golpe, pero sobrevivieron los suficientes como para repoblar el planeta.

Mamíferos
Casi todos los mamíferos de antes del cataclismo eran pequeños, principalmente animales de madriguera. Sus casas subterráneas quizá les dieron algo de protección, ya que muchos sobrevivieron.

Aves
La mayoría de los grupos de aves murieron, pero no los antepasados de los avestruces, las aves marinas, los pájaros y las rapaces, entre otras. Todas estas aves actuales son dinosaurios vivientes.

LA DIVERSIDAD DE LAS AVES CONVIERTE A LOS DINOSAURIOS EN UNOS DE LOS ANIMALES DE **MAYOR ÉXITO** QUE JAMÁS HAN EXISTIDO.

TRAS LA EXTINCIÓN, NINGÚN **MAMÍFERO** TERRESTRE LLEGÓ A SER TAN GRANDE COMO LOS MAYORES DINOSAURIOS.

¿QUÉ ANIMALES EVITARON
LA EXTINCIÓN?

La catástrofe que destruyó a los dinosaurios gigantes tuvo un impacto desastroso sobre toda la vida de la Tierra, pero algunos tipos de animales, incluidos unos pocos dinosaurios plumados, evitaron la extinción. Se desconoce exactamente cómo lo consiguieron, y es probable que tan solo sobreviviera un número pequeño de ejemplares. Poco a poco el mundo se recuperó, fue más fácil encontrar comida, y tras varios millones de años, sus descendientes evolucionaron hasta convertirse en los animales que viven hoy en día con nosotros.

MAMÍFEROS GIGANTES

Tras la extinción, empezaron a evolucionar unos mamíferos mucho más grandes que ocuparon el lugar de los dinosaurios gigantes, y al final aparecieron los megaherbívoros, como el *Uintatherium*, especie de rinoceronte que alcanzaba los 4 m de longitud.

Uintatherium

Los orígenes de los tres principales grupos de ranas vivas se remontan a justo después de la extinción.

La tuátara de Nueva Zelanda es una superviviente de la era de los dinosaurios.

Muchos peces evitaron la extinción porque vivían bajo el agua.

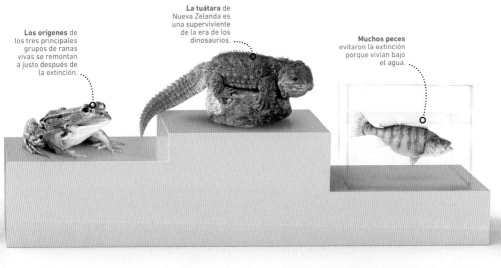

Anfibios
La extinción destruyó algunas formas de anfibios, pero los que la evitaron proliferaron en la nueva era. Las ranas en particular disfrutaron de un espectacular aumento en su diversidad.

Reptiles
A varios grupos de reptiles les fue mejor que a los dinosaurios, como las tortugas, serpientes y cocodrilos. No obstante, también desaparecieron los pterosaurios voladores y muchos reptiles marinos.

Peces
Buena parte de los tiburones y rayas se extinguieron, pero la mayoría de las familias de peces óseos, los típicos de aletas radiadas y con escamas, como esta perca, sobrevivieron y proliferaron.

MUCHOS **MAMÍFEROS** SOBREVIVIERON A LA CATÁSTROFE, PERO UNA CUARTA PARTE DE LOS MAMÍFEROS ACTUALES ESTÁN AMENAZADOS.

VIVIMOS LOS PRIMEROS COMPASES DE OTRA **EXTINCIÓN MASIVA**, ESTA VEZ CAUSADA POR LA ACTIVIDAD HUMANA.

ÚLTIMAS AVES

Las aves que sobrevivieron a la extinción hace 66 millones de años eran pequeñas, pero algunas evolucionaron hasta convertirse en gigantes, como esta gran ave no voladora, el *Gastornis*, que vivía en los bosques de Norteamérica y Europa hace unos 50 millones de años. Con sus 2 m, tenía un fuerte pico con el que podía abrir los frutos secos de cáscara dura que hallaba en el suelo del bosque, cazar animales e incluso romper los huesos de los cadáveres.

De patas y garras robustas, el *Gastornis* se parecía mucho a sus antepasados dinosaurios.

Euoplocephalus
Canadá
Este gran dinosaurio herbívoro vivió hace unos 75 millones de años. Contaba con una armadura de hueso para defenderse de los hambrientos tiranosaurios, y podía atacar con su pesada cola maciza.

Issi
Groenlandia
En el Triásico, la tierra que acabó convirtiéndose en Groenlandia era el hogar de este prosaurópodo, un tipo de herbívoro de cuello largo que fue el antepasado de los dinosaurios más grandes.

Pachycephalosaurus
Canadá y Estados Unidos
El más grande de los dinosaurios de cabeza redonda vivió hace unos 70 millones de años. Su cráneo tenía unos 30 cm de grosor y debía de estar adaptado para pelearse a cabezazos contra los machos rivales.

Liopleurodon
Alemania
Este reptil marino fue uno de los cazadores más temibles de los mares jurásicos. Tenía unas enormes mandíbulas que usaba para atrapar a otros reptiles marinos y despedazarlos, aunque era capaz de tragarse enteros a los más pequeños.

Dreadnoughtus
Argentina
Este saurópodo está considerado uno de los dinosaurios más grandes. Crecía hasta los 26 m de largo y pesaba unas colosales 59 toneladas.

Cryolophosaurus
Antártida
En 1991 se hallaron los restos fósiles de este gran cazador, lo que demostraba que la Antártida había sido un hábitat repleto de vida salvaje. Tenía una singular cresta de hueso en la cabeza que quizá servía para atraer a posibles parejas. El *Cryolophosaurus* fue uno de los predadores más grandes de la Tierra.

Heterodontosaurus
África
Este herbívoro vivió en el periodo jurásico, hace unos 200 millones de años. No era más grande que un pavo, y tenía unos peculiares dientes caninos como dagas, que quizá usaba para defenderse, alardear e incluso pelear contra los rivales.

40

EL PARQUE DE LOS DINOSAURIOS DE CANADÁ TIENE EL MAYOR NÚMERO DE TIPOS DE DINOSAURIO, CON 40 ESPECIES.

NO SE HAN ENCONTRADO MUCHOS **FÓSILES** EN AUSTRALIA Y NUEVA ZELANDA; EL MAR CUBRÍA GRAN PARTE DE SU TIERRA FIRME EN EL MESOZOICO.

¿DÓNDE SE HAN ENCONTRADO
FÓSILES?

Hay fósiles en cualquier lugar del mundo, pero suelen encontrarse en costas y paisajes abiertos donde las rocas sedimentarias formadas a partir de lechos de barro y arcilla quedan expuestas al aire. Los fósiles aparecen cuando las rocas se descomponen, momento en el que los científicos realizan sus excavaciones. Aún quedan muchos fósiles por aparecer en regiones cubiertas por el bosque o por el hielo.

Mamut lanudo
Siberia
Durante la más reciente edad de hielo, las praderas del norte de Asia fueron el hábitat del mamut lanudo. Algunos de ellos cayeron en los pantanos que luego se congelaron, lo que preservó sus cuerpos prácticamente intactos.

Velociraptor
Mongolia
En el desierto de Gobi se descubrió uno de los fósiles más famosos: un *Velociraptor* quedó enterrado mientras atacaba a su presa. El análisis de los huesos de este ágil cazador indica que tenía los brazos en forma de ala con plumas largas.

Confuciusornis
China
Se han descubierto los fósiles de cientos de estos pequeños dinosaurios plumados en el noreste de China. Con sus largas alas y un gran pico, se parecían mucho a un ave actual, y seguramente podían volar. Los machos tenían plumas largas en la cola.

Leaellynasaura
Australia
El *Leaellynasaura*, pequeño dinosaurio herbívoro de ojos grandes y cola larga, vivió en una época en la que Australia tenía un clima frío: hace unos 115 millones de años esta región estaba mucho más cerca del polo sur.

 LA PERSONA MÁS JOVEN QUE HA ENCONTRADO UN **FÓSIL DE DINOSAURIO** FUE DAVID SHIFFLER: A LOS TRES AÑOS HALLÓ EL FRAGMENTO DE UN HUEVO.

 SE HAN DESCUBIERTO **FÓSILES DE PECES** CERCA DE LA CIMA DEL EVEREST, PUES SUS ROCAS SE FORMARON BAJO EL OCÉANO.

La ciencia de dinosaurios

VISTOS DE CERCA

Los científicos han hecho **nuevos descubrimientos** sobre los dinosaurios tras examinar con tecnología moderna los fósiles de las colecciones de los museos.

Por dentro

Con los rayos X de los **escáneres** médicos, los científicos pueden ver el interior de los fósiles sin destruirlos. Así descubrieron grandes cavidades de aire en el cráneo de un **Majungasaurus**, un poderoso predador de hace 70-66 millones de años.

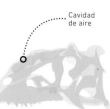

Cavidad de aire

Microfósiles

Con un **microscopio electrónico** de barrido, se pueden explorar los fósiles muy de cerca y obtener detalles de la estructura de sus células. Así se han identificado células de color del plumaje de los dinosaurios; esta información da pistas sobre el color que tenían en vida.

¿Macho o hembra?

En el año 2005, el análisis químico de un fósil del hueso de una pata de **Tyrannosaurus** halló hueso medular, que es un tipo de tejido rico en calcio que tienen las aves hembra y que les ayuda a formar los huevos. Esto demuestra más allá de toda duda que el dinosaurio era una hembra.

CÓMO HA CAMBIADO EL MEGALOSAURUS

A lo largo de los dos siglos que han pasado desde que se bautizó al primer dinosaurio conocido en 1824, nuestra idea sobre el aspecto del **Megalosaurus** ha cambiado de manera espectacular.

Década de 1850

Se presentó un modelo del **Megalosaurus** en el Crystal Palace Park del Reino Unido en 1851. Los científicos del momento lo reconstruyeron basándose en un lagarto.

Década de 1970

El descubrimiento de grandes terópodos cazadores como el **Allosaurus**, que caminaba en dos patas, hizo que los científicos se replantearan el *Megalosaurus*. Se dieron cuenta de que debía tener un aspecto parecido.

Década de 2020

Las técnicas modernas de reconstrucción de los dinosaurios extintos dejan claro que el *Megalosaurus* era un **ágil predador** que corría equilibrando la cabeza y el cuerpo con su pesada cola.

UN ESTUDIO DE 2018 DE LOS HUEVOS DE *DEINONYCHUS*, UN PARIENTE CERCANO DEL VELOCIRAPTOR, DEMUESTRA QUE ERAN AZULES CON MOTAS MARRONES.

LOS CIENTÍFICOS HAN CONSEGUIDO RECUPERAR *TEJIDO BLANDO* DE HUESOS DE DINOSAURIO DE 68 MILLONES DE AÑOS DISOLVIÉNDOLOS EN ÁCIDO.

PISTAS DE
PASADO

Estudiando la anatomía y el comportamiento de los **animales vivos** podemos aprender mucho sobre cómo podían haber vivido los dinosaurios en el pasado lejano.

Presumiendo

Los **ciervos rivales** pueden chocar sus astas en el combate, pero sobre todo las usan para lucirse. Los **dinosaurios con cuernos** pueden haber hecho lo mismo. El animal con los cuernos más grandes está en la cúspide del orden jerárquico.

Huevos en el nido

Una **gallina incuba** sus huevos y protege a sus polluelos cubriéndolos con sus alas. Un fósil de terópodo *Citipati* de 80 millones de años demuestra que hizo exactamente lo mismo.

VOLVER A LA VIDA

Las tecnologías **informáticas** y robóticas dan a los científicos nuevas perspectivas sobre la conducta en vida de estos espectaculares animales.

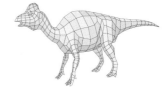

Modelos informáticos

A partir de la observación de los fósiles, se pueden construir **modelos informáticos** que muestren cómo actuaban los músculos y los huesos de los dinosaurios. Estos modelos se pueden animar para que **caminen, corran o muerdan**.

Réplicas robóticas

Los ingenieros pueden crear **réplicas robóticas** de los dinosaurios. Se ha usado este *Tyrannosaurus* mecánico para comprobar si realmente podía morder con la fuerza necesaria para romper huesos.

LOS ÚLTIMOS DÍAS DE LOS
GIGANTES

Los expertos coinciden en que el impacto de un asteroide acabó con los dinosaurios hace **66 millones de años**. Un yacimiento descubierto hace poco (Tanis, en Dakota del Norte, Estados Unidos) conserva los restos de animales muertos el día del impacto a 3000 km de distancia. Incluye peces con las branquias llenas de escombros de la explosión y cuerpos de dinosaurio despedazados por la onda de choque.

LA EDAD DE LOS FÓSILES SE PUEDE SABER DESDE 1907, CUANDO LLEGÓ LA TÉCNICA DE LA **RADIACTIVIDAD** QUE PERMITIÓ FECHAR LAS ROCAS.

EL YACIMIENTO DE **TANIS** DEBE SU NOMBRE A UNA **ANTIGUA CIUDAD EGIPCIA** FUNDADA HACE MÁS DE 3000 AÑOS.

GLOSARIO

ACUÁTICO
Describe algo que vive en el agua.

ADN
Ácido desoxirribo-nucleico, una molécula muy larga compuesta por pequeñas unidades individuales. El ADN está en las células de todos los seres vivos. El orden de sus piezas determina las instrucciones genéticas (genes) de cada individuo.

ALETAS
Extremidades acabadas en forma de pala adaptadas para nadar de manera eficiente.

ÁMBAR
Resina pegajosa que sale de un árbol y se endurece tras millones de años.

ANCESTRO
Especie de animal o planta de la que ha evolucionado una especie más reciente.

ANFIBIO
Animal vertebrado que normalmente nace en el agua y de adulto pasa a respirar aire. Como las ranas, que en parte viven en tierra firme.

ANQUILOSAURIOS
Uno de los principales tipos de dinosaurios ornitisquios, con el cuerpo cubierto de una armadura de hueso.

APAREAMIENTO
Unión de macho y hembra para producir huevos o crías.

ARCOSAURIOS
Grupo de animales que incluye a los dinosaurios, las aves, los pterosaurios y los cocodrilos.

ÁRIDO
Describe un clima o sitio muy seco.

ARTRÓPODOS
Invertebrados de cuerpo segmentado y cubierta exterior dura (exoesqueleto). Entre los extintos están los trilobites y los euriptéridos. Entre los vivos están los insectos y las arañas.

ASTEROIDE
Objeto rocoso en órbita alrededor del Sol, mayor que un meteoro pero menor que un planeta.

CADENA TRÓFICA
Grupo de seres vivos (plantas y animales) relacionados, en que unos son la comida de los otros.

CÁMBRICO
Periodo de la era paleozoica que abarca desde hace 541 millones de años hasta hace 485 millones.

CAMUFLAJE
Colores y diseños que hacen difícil ver a un animal.

CARBONÍFERO
Periodo de la era paleozoica que abarca desde hace 359 millones de años hasta hace 298 millones.

CARROÑA
Restos de animales muertos que se comen otros animales.

CARROÑERO
Animal que come los restos de animales muertos y otros desperdicios.

CIANOBACTERIAS
Bacterias que producen su alimento con la fotosíntesis.

CÍCADA
Planta tropical que produce grandes piñas con semillas, pero que tiene una corona de follaje, como el helecho arbóreo o la palmera.

CONÍFERA
Planta, normalmente un árbol alto como un pino o un abeto, cuyas piñas contienen las semillas.

CONTINENTE
Gran masa de tierra hecha de rocas distintas a las del lecho oceánico.

COPROLITOS
Excrementos de animal fosilizados que a menudo contienen fragmentos de su comida.

CRETÁCICO
Tercer periodo de la era mesozoica (la época de los dinosaurios), que empezó hace 145 millones de años y acabó hace 66 millones.

DERIVA CONTINENTAL
Movimiento lento de los continentes sobre la superficie de la Tierra.

ECUADOR
Línea imaginaria alrededor de la Tierra, a igual distancia del polo norte que del polo sur.

EDAD DE HIELO
Periodo en el que caen las temperaturas globales y el hielo cubre grandes áreas.

EMBRIÓN
Planta, animal u otro organismo en las primeras etapas de su desarrollo a partir de un huevo, un óvulo o una semilla.

EQUISETÁCEA
Tipo primitivo de planta que da esporas en lugar de semillas y tiene hojas en forma de aguja que crecen en anillos desde el tallo.

ERA
Periodo de tiempo geológico que define una fase de la historia, como el Paleozoico o el Mesozoico.

ESPECIE
Tipo de ser vivo que puede aparearse con otros del mismo tipo.

ESPONJAS
Grupo (filo) de invertebrados marinos de estructura muy simple que se alimenta filtrando partículas del agua. No tienen músculos ni células nerviosas. Muchas tienen espículas, unos esqueletos que se componen de pequeños elementos duros.

ESTEGOSAURIOS
Grupo de dinosaurios acorazados con placas y espinas en la espalda.

ESTROMATOLITOS
Estructuras creadas por capas de algas azules y verdes y sedimentos atrapados en aguas poco profundas y cálidas.
Los estromatolitos fósiles son indicios del principio de la vida.

EXOESQUELETO
Esqueleto externo que tienen algunos animales, como los cangrejos. Los humanos, en cambio, tienen esqueleto interno.

EXTINCIÓN MASIVA
Catástrofe que provoca la desaparición de muchos tipos de vida.

FÓSIL
Resto de un ser vivo que sobrevivió al proceso de descomposición. A menudo se conservan después de convertirse en roca.

FOSILIZACIÓN
Proceso por el que los restos de los seres vivos se convierten en fósiles.

GINKGO
Miembro de un grupo de plantas sin flor que se convierte en un árbol alto de hojas más o menos triangulares.

GONDWANA
Supercontinente meridional compuesto por África, Australia, la Antártida, Sudamérica y la India.

HELECHO
Tipo de planta primitiva que tiene el tallo alto, no produce flores y cuenta con hojas frondosas. Crece en lugares húmedos.

ICTIOSAURIOS
Grupo de reptiles marinos parecidos a los delfines, muy comunes al principio de la era mesozoica.

INVERTEBRADO
Animal sin columna vertebral.

JURÁSICO
Segundo de los tres periodos que componen la era mesozoica, que abarca desde hace 201 millones de años hasta hace 145 millones.

LAURASIA
Supercontinente
septentrional
compuesto por
Norteamérica,
Europa y Asia.

MAMÍFEROS
Grupo de vertebrados
de sangre caliente y a
veces peludos que
alimentan a las crías
con leche de la madre.

MAMUT
Tipo de elefante de
largos colmillos que
vivió durante el Plioceno
y el Pleistoceno. Durante
la última edad de hielo,
a algunos mamuts les
creció el pelo para poder
conservar el calor.

MANIRRAPTORES
Tipo avanzado de
dinosaurios terópodos
con potentes brazos y
garras, que dio pie a la
aparición de las aves.
«Manirraptor» significa
«mano de ladrón».

MARSUPIAL
Mamífero, como por
ejemplo un canguro, que
pare crías vivas muy
pequeñas y que las hace
crecer en una bolsa.

MEGAHERBÍVORO
Animal herbívoro muy
grande.

MESOZOICO
Era conocida como la
edad de los dinosaurios,
que abarca desde hace
252 millones de años
hasta hace 66 millones.

MICROFÓSIL
Fósil demasiado
pequeño para ser
estudiado sin
microscopio. Puede ser
un fósil de una forma de
vida microscópica, o
parte de una forma de
vida más grande.

MOSASAURIO
Lagarto gigante que
habitaba en el mar
durante el periodo
cretácico. Fue un feroz
predador con un cuerpo
esbelto, el hocico largo y
extremidades en forma
de aleta.

MUSGO
Tipo primitivo de planta
sin flores que forma
crecimientos mullidos
en lugares húmedos.

NÉCTAR
Líquido azucarado que
producen las flores para
atraer a los insectos y
otros animales.

NEÓGENO
El segundo periodo de
la era paleozoica, que
abarca desde hace
23 millones de años
hasta hace 2 millones.

NUTRIENTES
Sustancias necesarias
para los seres vivos
para hacer crecer sus
tejidos.

OCÉANO TETIS
Océano que separaba
Gondwana y Laurasia.
El movimiento hacia el
norte de África y la India
lo acabó cerrando.

ORNITÓPODO
Miembro de un grupo de
dinosaurios herbívoros
que casi siempre
caminaban sobre sus
patas traseras y no
contaban con armadura
externa.

OSTEODERMOS
Placas de hueso que se
forman en el interior de
la piel y que a menudo
son la base de la
armadura defensiva.

PALEONTÓLOGO
Científico que estudia
fósiles de animales y
de plantas.

PERIODO
Lapso de tiempo
geológico que forma
parte de una era; por
ejemplo, el periodo
jurásico forma parte
de la era mesozoica.

PETRIFICACIÓN
Forma de fosilización
en la que los minerales
sustituyen las
estructuras de un
organismo, a veces de
manera que se
conservan detalles muy
delicados.

PIEDRA CALIZA
Roca compuesta por
calcita (cal), que a
menudo se crea por la
acumulación de
esqueletos de la vida
marina microscópica.

PISADAS
Rastro fosilizado de
huellas de dinosaurio.

PLESIOSAURIOS
Tipo de reptiles marinos
con cuatro largas aletas.
Muchos tenían el cuello
muy largo.

PLIOSAURIOS
Tipo de plesiosaurios de
cuello más corto, cabeza
y mandíbulas más
grandes, y un estilo de
vida más predador.

POLINIZAR
Llevar polen de planta
en planta, como las
abejas.

PREDADOR
Animal que mata a otros
animales para
comérselos.

PRESA
Animal que otro animal mata y se come.

PROSAURÓPODOS
Grupo de dinosaurios herbívoros de cuello largo que vivieron en el Triásico y el Jurásico antes que los saurópodos.

PROTOPLUMAS
Estructuras vellosas que aislaban y que acabaron convirtiéndose en plumas.

PTEROSAURIOS
Grupo de reptiles voladores que vivieron durante la era mesozoica, con alas de piel que estiraban los huesos de un único dedo alargado.

QUERATINA
Proteína estructural dura que se encuentra en el pelo, las plumas, las escamas, las uñas y los cuernos.

RASTRO FÓSIL
Fósil que conserva la actividad de un ser vivo en lugar del propio ser vivo; por ejemplo, una pisada de dinosaurio.

REPTILES
Grupo de animales entre los que están los cocodrilos, serpientes, pterosaurios, tortugas, lagartos y dinosaurios.

REPTIL MARINO
Reptil que vive en el mar; incluye a los plesiosaurios,

ictiosaurios y grupos similares que se extinguieron al final de la era mesozoica.

ROCAS SEDIMENTARIAS
Rocas compuestas por sedimentos endurecidos.

SANGRE CALIENTE, ANIMALES DE
Animales que mantienen la temperatura interna del cuerpo constante. Los mamíferos y las aves son de sangre caliente, mientras que los peces y los reptiles son de sangre fría.

SAURÓPODOS
Grupo de dinosaurios herbívoros de cuello largo que evolucionaron a partir de los prosaurópodos.

SEDIMENTO
Partículas sólidas, como arena, fango o barro, que se depositan formando capas.

SERRADO
Con dientes de sierra, como un cuchillo de pan.

SUPERCONTINENTE
Masa de tierra enorme, compuesta por varios continentes unidos.

TERÓPODOS
Grupo de dinosaurios saurisquios. Casi todos son carnívoros.

TETRÁPODOS
Vertebrados con cuatro extremidades (brazos, patas o alas). Todos los anfibios, reptiles, mamíferos y aves son tetrápodos. Las serpientes también son tetrápodos porque evolucionaron a partir de unos ancestros con cuatro extremidades.

TITANOSAURIOS
Grupo de saurópodos que evolucionó en el periodo cretácico.

TRIÁSICO
El primer periodo de la era paleozoica, que

abarca desde hace 252 millones de años hasta hace 201 millones.

TUNDRA
Región sin árboles dominada por plantas bajas que soportan el frío.

VERTEBRADO
Animal con esqueleto interno y columna vertebral.

VÉRTEBRAS
Huesos que componen la columna vertebral de animales como los dinosaurios, las aves o los mamíferos.

VISIÓN BINOCULAR
Capacidad para ver una escena u objeto con dos ojos, de manera que el animal puede percibir la profundidad o las tres dimensiones.

ÍNDICE

AGRADECIMIENTOS

Los editores dan las gracias a las siguientes personas por su ayuda en la edición de este libro: Chris Barker por los textos adicionales, Scarlett O'Hara por la revisión y Helen Peters por el índice.

Los editores agradecen a los siguientes su permiso para la reproducción de sus imágenes:

(Clave: a: arriba; b: bajo/debajo; c: centro; d: derecha; e: extremo; i: izquierda; s: superior)

1 Dreamstime.com: Jana Kopilova (textura). **2 TurboSquid:** 3d_wanderer (sd). **3 TurboSquid:** Ben Jewer (b). **4 Science Photo Library:** James Kuether (sc); Mark Williamson (sd). **5 Alamy Stock Photo:** Dotted Zebra (cib). Dreamstime.com: Planetfelicity (ci). **6-7 Science Photo Library:** James Kuether. **8 Alamy Stock Photo:** Florilegius (sd). **9 TurboSquid:** Vladislav Egorov (cb). **12-13 Alamy Stock Photo:** Dotted Zebra. **15 TurboSquid:** Shao 999D (bi). **16-17 Alamy Stock Photo:** Mohamad Haghani. **21 Alamy Stock Photo:** dpa picture alliance (cdb). **23 TurboSquid:** 3d_wanderer (cd). **24-25 Science Photo Library:** Dirk Wiersma. **26 Velizar A. Simeonovski:** Caihong juji. Velizar Simeonovski con la dirección de Julia Clarke y Chad Eliason (s). **28 Dorling Kindersley:** Andy Crawford / Robert L. Braun - maquetista (cia). **29 Alamy Stock Photo:** Martin Shields (cia). TurboSquid: coolnidz (cia). **31 Getty Images:** Dwi Yulianto / EyeEm (cdb). **32-33 Getty Images / iStock:** Warpaintcobra. **34 Shutterstock.com:** Albert Beukhof (cib); PJ photography (ci). **38-39 Science Photo Library:** Mark Williamson. **47 TurboSquid:** Ben Jewer. **48-49 TurboSquid:** SDV. **49 R. McKellar (Royal SK**

Museum): (cia). **50-51 Alamy Stock Photo:** PA Images / Jonathan Brady. **54 Dreamstime.com:** Linda Bucklin (ci). **54-55 Dreamstime.com:** Robyn Mackenzie. **55 Dorling Kindersley:** James Kuether (cdb). **56 Alamy Stock Photo:** Kevin Schafer (cib). **Dreamstime.com:** Vladislav Gajic / Vladislav (ci). **56-57 Dreamstime.com:** Judith Kiener (dentaduras); Saskia Massink. **57 Alamy Stock Photo:** Natural History Museum, Londres (cda). **59 Alamy Stock Photo:** Natural History Museum, Londres (cb). **60-61 Science Photo Library:** José Antonio Peas. **62 Science Photo Library:** Julius T. Csotonyi (cib). **62-63 Science Photo Library:** Jaime Chirinos. **63 Dorling Kindersley:** Peter Minister / Peter Minister, Digital Sculptor (sc). **Getty Images:** Antic Andrej / EyeEm (sd). **64-65 Dorling Kindersley:** Jon Hughes (c). **64 Alamy Stock Photo:** Life on white (cb). **66-69 Science Photo Library:** James Kuether. **69 Alamy Stock Photo:** Thiriet / Andia (sc). **Shutterstock.com:** ChameleonsEye (sd). **71 Dorling Kindersley:** Andy Crawford Courtesy of Dorset Dinosaur Museum (cd). **Science Photo Library:** Jaime Chirinos (cib). **74-75 Getty Images / iStock:** cynoclub (cb). **74 Dreamstime.com:** Yobro10 (cib). **Science Photo Library:** Sebastian Kaulitzki (cdb). **75 123RF.com:** Chainarong (cda). **77 E. Ray Garton, Curator, Prehistoric Planet:** (ci). **78 E. Ray Garton, Curator, Prehistoric Planet:** (cdb). **79 123RF.com:** Corey A. Ford (cia). **Dorling Kindersley:** Tracy Morgan; R. A. Strudwick; C. Carter (cib). **80-81 Science Photo Library:** Mark Garlick. **83 Alamy Stock Photo:** Richard Becker (sc). **Dreamstime.com:** John A. Anderson (sd); Yunona Shimanskaya (si). **86-87 Dreamstime.com:** Planetfelicity.

88 Getty Images / iStock: dottedhippo (cib). **90-91 Alamy Stock Photo:** Album. **92 Alamy Stock Photo:** Corbin17 (cib). **94 Alamy Stock Photo:** Sergey Krasovskiy / Stocktrek Images (cb). **Dorling Kindersley:** Colin Keates / Natural History Museum, Londres (bc). **95 Alamy Stock Photo:** Giedrius Stakauskas (cdb). **Getty Images:** Gallo Images ROOTS RF collection / Daryl Balfour (cdb/ avestruz). **Science Photo Library:** Jaime Chirinos (cib). **96-97 Science Photo Library:** Jaime Chirinos. **99 Dreamstime.com:** Hongqi Zhang (aka Michael Zhang) (cdb). **TurboSquid:** all15USD (c). **100-101 Alamy Stock Photo:** blickwinkel / McPHOTO / MKD. **103 Alamy Stock Photo:** Natural History Museum, Londres (cda). **104 Alamy Stock Photo:** Dotted Zebra (cib). **105 123RF.com:** Michael Rosskothen (cda). **106-107 Alamy Stock Photo:** Natural History Museum, Londres. **111 TurboSquid:** Dibia Digital. **112-113 Science Photo Library:** Jaime Chirinos. **114-115 Getty Images / iStock:** IgorKovalchuk (c). **115 Alamy Stock Photo:** All Canada Photos / Wayne Lynch (cda). **Dorling Kindersley:** Harry Taylor / Natural History Museum, Londres (ci). **Getty Images / iStock:** geckophoto (cb). **116-117 Science Photo Library:** Roman Uchytel. **118 Science Photo Library:** Roman Uchytel (cb). **119 Dorling Kindersley:** Andrew Nelmerm / Royal British Columbia Museum, Victoria, Canada (s). **125 Alamy Stock Photo:** William Mullins (cia). **Dorling Kindersley:** James Kuether (ca) **Getty Images:** The Image Bank Unreleased / Naturfoto Honal (cda). **127 Alamy Stock Photo:** Cultura Creative RF / Gregory S. Paulson (cda). **128-129 Depositphotos Inc:** NDerkach. **130-131 123RF.com:** Athikhun Boonrin (cb). **Alamy Stock Photo:**

Xavier Fores - Joana Roncero (s). **Dreamstime.com:** Leigh Prather (c). **130 Dorling Kindersley:** Colin Keates / Natural History Museum (cib). **131 Alamy Stock Photo:** Kitti Kahotong (cd); wonderlandstock (cib). **Science Photo Library:** Patrick Dumas / Look At Sciences (sd). **Shutterstock.com:** Suwat wongkham (cdb). **132-133 Alamy Stock Photo:** Phil Degginger. **134 Shutterstock.com:** Alex Coan (cia). **135 Alamy Stock Photo:** Nobumichi Tamura / Stocktrek Images (cda). **136 Alamy Stock Photo:** Oleksandr Kharchenko (ci). **138 Alamy Stock Photo:** Jill Stephenson (cia). **140 Alamy Stock Photo:** Nobumichi Tamura / Stocktrek Images (sd). **140-141 Science Photo Library:** Mark Garlick. **141 Dorling Kindersley:** James Kuether (cdb). **142-143 Alamy Stock Photo:** aroundtheworld.photography (c). **146-147 Alamy Stock Photo:** Dotted Zebra. **148-149 Dorling Kindersley:** Simon Mumford / Colorado Plateau Geosystems Inc (c). **148 Dorling Kindersley:** Simon Mumford / Colorado Plateau Geosystems Inc (si). **Science Photo Library:** Dirk Wiersma (cdb). **156-157 TurboSquid:** BlueModels. **156 Alamy Stock Photo:** Rosanne Tackaberry (cib). **157 TurboSquid:** corsican (s). **158-159 Science Photo Library:** Detlev Van Ravensvaay. **160 Alamy Stock Photo:** Ger Bosma (cd). **Dreamstime.com:** Lucielang (sc). **Shutterstock.com:** Arizona Daily Pics (c). **161 123RF.com:** Eric Isselee (cib). **Dreamstime.com:** Sneekerp (cdb). **Getty Images / iStock:** cynoclub (cdb/acuario). **162-163 Science Photo Library:** Jaime Chirinos. **164 TurboSquid:** (cb). **165 TurboSquid:** DisneyTD (cia)

Resto de las imágenes © Dorling Kindersley

Para más información ver:
www.dkimages.com